21世纪高等学校国际经济与贸易系列规划教材

进出口业务 习题汇编

主编 丁珏

ZHEJIANG UNIVERSITY PRESS
浙江大学出版社

前　言

进出口业务是国际贸易实务专业的一门核心课程。本书编者在长期的教学实践中,深刻意识到,要较好地掌握进出口业务这门课程的知识,需要课堂教学和课后练习相结合。因此,编者结合多年国际贸易实务教学经验,同时借鉴其他同类院校国际贸易实务相关教材和练习的成果,针对进出口业务这门课程中涉及的核心知识点,结合重点、难点,注重实用性,精心设计和选编了大量习题。题型设计满足课程考核的需要,同时也供正在学习或准备学习和巩固这门课程的相关人员学习参考之用。

本书共设十章,每一章包括如下内容:名词解释、填空题、单项选择题、多项选择题、判断题、简答题、案例分析题、计算题(部分章节)、操作题(部分章节)。

本书可作为高职高专国际贸易、国际商务等相关专业中进出口业务课程的教学配套用书,也可作为外贸从业人员的参考和培训用书。

本书在编写过程中参考了各种国际贸易实务教材、网站相关资料和观点,在此谨对有关作者和同行们所付出的辛劳表示尊重和感谢! 由于时间仓促,水平所限,本书难免存在不足之处,还望使用本书的老师、学生、读者朋友们提出宝贵意见和建议,欢迎批评指正,以便今后改进。

编者

2018 年 5 月

目 录
CONTENTS

第一章　商品的品质

一、名词解释(先译成中文,再解释含义)

1. sale by seller's sample
2. sale by buyer's sample
3. counter sample
4. quality tolerance
5. duplicate sample
6. quality latitude
7. fair average quality

二、填空题

1. 商品品质是指商品的(1)_____和(2)_____的综合。

2. 国际贸易中表示商品品质的方法可分为两大类:一是用(1)_____表示,包括(2)_____和(3)_____;二是用(4)_____表示,包括(5)_____、(6)_____、(7)_____和(8)_____。

3. 凭卖方样品成交的出口商品提供样品时应注意:(1)_____;(2)_____。

4. 凭买方样品成交时应注意:(1)_____;(2)_____;(3)_____;(4)_____。

5. 凭样品交易中的出口商对于货、样难以一致的商品,应在合同中加列_____的字样或类似的条款。

6. 凭样品买卖的基本要求是:(1)_____;(2)_____。

7. 在按标准洽谈交易时应说明_____以免发生争议。

8. 品质机动幅度的规定办法有三:(1)_____;(2)_____;(3)_____。

9. 对出口商品品质的要求包括:(1)_____;(2)_____;(3)_____;(4)_____。

10. 商品的品质条件是进出口合同中的(1)_____,卖方所交货物的品质如不合乎合同的规定,买方有权(2)_____并要求(3)_____。

三、单项选择题

1. 根据现有商品的实际品质进行买卖叫作(　　)。

1

A. 凭样品成交　　　　　　　　　B. 看货买卖

C. 凭规格买卖　　　　　　　　　D. 凭产地买卖

2. 卖方根据买方提供的样品加工复制出一个类似的样品供买方确认,经确认的样品叫(　　)。

A. 复样　　　B. 回样　　　C. 参考样品　　　D. 卖方样品

3. 在国际贸易中,对于某些品质变化较大而难以规定统一标准的农副产品,其表示品质的方法常用(　　)。

A. 良好平均品质　　　　　　　　B. 看货买卖

C. 上好可销品质　　　　　　　　D. 凭说明书买卖

4. 在国际贸易中,对技术型产品表示品质的方法是(　　)。

A. 凭规格买卖　　　　　　　　　B. 凭样品买卖

C. 凭说明书买卖　　　　　　　　D. 凭商标或牌号买卖

5. 对工业制成品交易,一般在品质条款中灵活制定品质指标,通常使用(　　)。

A. 品质公差　　　　　　　　　　B. 品质机动幅度

C. 交货品质与样品大体相等　　　D. 规定一个约量

6. 对一些质量不稳定的初级产品,在规定品质条款时,其灵活制定品质指标常用(　　)。

A. 品质机动幅度　　　　　　　　B. 品质公差

C. 交货品质与样品大体相等　　　D. 规定一个约量

7. 品质公差条款一般用于(　　)。

A. 制成品交易　　　　　　　　　B. 初级产品交易

C. 纺织品交易　　　　　　　　　D. 谷物类产品交易

8. 品质机动幅度条款一般用于某些(　　)。

A. 制成品交易　　　　　　　　　B. 初级产品交易

C. 机电产品交易　　　　　　　　D. 仪表产品交易

9. 适用于在造型上有特殊要求或具有色、香、味方面特征的商品表示品质的方式是(　　)。

A. 凭等级买卖　　　　　　　　　B. 凭样品买卖

C. 凭商标买卖　　　　　　　　　D. 凭说明书买卖

10. 凡凭样品买卖,如合同中无其他规定,则卖方所交的货物(　　)。

A. 可以与样品大致相同　　　　　B. 许可合理的公差

C. 必须与样品一致　　　　　　　D. 可以与样品不同

11. 在国际贸易中,质量稳定、容易掌握的产品适合于(　　)。

A. 凭样品买卖　　　　　　　　　B. 凭规格买卖

C. 凭等级买卖　　　　　　　　　D. 凭产地名称买卖

12. 若合同规定有质量公差条款,则在公差范围内,买方(　　)。

A. 不得拒收货物　　　　　　　　B. 可以拒收货物

C. 可以要求调整价格　　　　　　D. 可以拒收货物也可以要求调整价格

13. 凡货、样不能做到完全一致的商品,一般都不适宜凭( )买卖。

A. 规格　　　　B. 号码　　　　C. 标准　　　　D. 样品

14. 凭说明书和图样买卖,一般适用于( )。

A. 一些品质稳定的产品　　　　B. 经过科学加工的初级产品

C. 机器、电器和仪表等技术密集型产品　　D. 有独特加工工艺的传统农副产品

15. 我某出口公司拟出口一批服装,在洽谈合同条款时,就服装的款式可要求买方提供( )。

A. 样品　　　　B. 规格　　　　C. 商标　　　　D. 产地

四、多项选择题

1. 以文字说明表示商品品质的方法有( )。

A. 凭规格买卖　　　　B. 凭等级买卖

C. 凭标准买卖　　　　D. 凭说明书买卖　　　E. 凭商标或品牌买卖

2. 以实物表示商品品质的方法有( )。

A. 看货买卖　　　　B. 凭样品买卖

C. 凭规格买卖　　　　D. 凭等级买卖　　　E. 凭标准买卖

3. 在国际贸易中,按样品提供者的不同,凭样品成交可分为( )。

A. 凭卖方样品买卖　　　　B. 凭买方样品买卖

C. 凭对等样品买卖　　　　D. 凭图样买卖　　　E. 凭参考样品买卖

4. 卖方根据买方来样复制样品,寄送买方并经其确认的样品,被称为( )。

A. 复样　　　　B. 回样

C. 原样　　　　D. 确认样　　　E. 对等样品

五、判断题

1. 某外商来电要我方提供芝麻一批,按含油量45％、含水分12％、含杂质3％的规格订立合同,对此,在一般情况下,我方可以接受。　　　　( )

2. 为了适应国际市场的竞争需要,我方出口商品,应尽量采用按买方样品成交。　　　　( )

3. 在出口贸易中,为了明确责任,最好采用既凭样品买卖,又凭规格买卖的方法成交。　　　　( )

4. 在合同中规定标的物的具体名称,关系到买卖双方在货物交接方面的权利和义务。　　　　( )

5. 国际货物买卖合同中,品名条款是合同中的次要条款。　　　　( )

6. 卖方在向国外客户寄送代表性样品时,应留存一份或数份同样的样品,以备日后交货或处理争议时核对之用,该样品称为复样。　　　　( )

7. 卖方根据买方提供的样品,加工复制出一个类似的样品提供买方确认,经确认后的样品叫复样。　　　　( )

8. 凭等级买卖,只需说明商品的级别,就可以明确买卖货物的品质。　　　　( )

9. 凭规格买卖,又提供了参考样品,卖方所交货的品质,既要完全符合规格要求,又要和样品完全一致。　　　　　　　　　　　　　　　　　　　　(　　)

10. 在国际贸易中采用的各种品质标准都具有法律上的约束力。　　　(　　)

11. 在我国出口农副产品中采用"FAQ"来说明品质一般指的是中等货。(　　)

12. 如果同时采用既凭样品,又凭规格成交,则要求交货品质只要和其中任何一种一致即可。　　　　　　　　　　　　　　　　　　　　　　　(　　)

13. 在选择订立品质的方法时一般不宜采用既凭样品又凭规格成交的表示品质的方法。　　　　　　　　　　　　　　　　　　　　　　　　　　　(　　)

14. 根据品质公差条款,卖方所交货物,只要在品质公差范围内,买方不得拒收,也不得要求调整价格。　　　　　　　　　　　　　　　　　　　　　　(　　)

15. 在合同品质机动幅度内的货物,买方不得根据品质情况调整价格。(　　)

16. 凡是能够用一种方法表示品质的,一般不要采用两种或两种以上的方法来表示。
　　　　　　　　　　　　　　　　　　　　　　　　　　　　(　　)

六、简答题

1. 在买卖合同中为什么要规定商品名称?规定品名条款时应注意哪些事项?

2. 成交商品质量的含义如何?表示商品品质的方法有哪些?

3. 在对外贸易中,对出口商品品质有何要求?

4. 何谓凭样成交?在凭样品成交时,应注意哪些事项?

5. 什么叫凭卖方样品买卖?凭卖方样品成交时,卖方应注意哪些问题?

6. 什么叫凭买方样品买卖?凭买方样品成交时,卖方应注意哪些问题?

7. 什么叫凭标准买卖?其应注意哪些问题?

8. FAQ 的含义是什么?

9. 什么叫品质公差?其规定办法有哪些?其作用如何?

10. 品质机动幅度定义作用如何?

11. 什么叫品质增减价条款?有何种规定方法?

12. 品质条款的内容有哪些?

13. 在国际货物买卖合同中订立品质条款应注意哪些问题?

七、案例分析题

1. 我方与越南某客商凭样品成交达成一笔出口镰刀的交易。合同中规定复验有效期为货物到达目的港后 60 天。货物到目的港经越商复验后,未提出任何异议。但时隔半年,越商来电称:镰刀全部生锈,只能降价出售,越商因此要求我方按成交价的 40% 赔偿其损失。我方接电后立即查看我方留存的复样,也发现类似情况。

问:我方是否应同意对方的要求,为什么?

2. 我方向德国出口布匹一批,货到目的港后,买方因购销旺季,未对货物进行检验就将布匹投入批量生产。数月后,买方寄来几套不同款式的服装,声称用我方出口的布匹制成的服装缩水严重,难以投入市场销售,因而向我方提出索赔。

问:我方是否应该理赔,为什么?

3. 我某进出口公司向国外某客户出口榨油大豆一批,合同中规定大豆的具体规格为含水分14%、含油量18%、含杂质1%。国外客户收到货物不久,我方便收到对方来电称:我方的货物品质与合同规定相差较远,具体规格为含水分18%、含油量10%、含杂质4%,并要求我方给予合同金额40%的损害赔偿。

问:对方的索赔要求是否合理?合同中就这一类商品的品质条款应如何规定为宜?

4. 我某进出口公司与德国某贸易有限公司订立了一份出口"龙口粉丝"的合同,凭样品买卖,支付方式为货到目的港验收后付款。当到货经买方验收后发现货物品质与样品不符,德商即决定退货并拒绝提货。后来,货物因保管不妥完全变质,且德国海关向我方公司收取仓储费及变质商品处理费共2万欧元。

问:我方公司应如何处理此事?

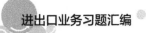

5. 我某纺织品进出口公司以 CIF 条件与国外买方签订一份出口 5000 套西服的合同。货到目的港，经买方对货物进行复验后，发现部分西服有水渍。因此，买方向我纺织品公司提出 30％的扣价索赔。但当我方欲就此案进行核查时，买方已将该批西服运往他国销售。

问：我方是否仍应赔偿对方的损失，为什么？

6. 我某单位向英国出口大豆一批，合同规定水分最高为 14％，杂质不超过2.5％，在成交前我方曾向买方寄过样品，订约后我方又电告买方成交货物与样品相似。当货物到达英国后，买方提出货物与样品不符，并出示相应的检验证书证明货物的质量比样品低，并以此要求我方赔偿 15000 英镑的损失。

问：在此情况下，我方是否可以以该项交易并非凭样品买卖为由而不予理赔？

第二章　商品的数量

一、名词解释(先译成中文,再解释含义)

1. more or less clause
2. conditioned weight
3. gross for net
4. gross weight
5. net weight
6. theoretical weight

二、填空题

1. 进出口贸易合同中数量条款的基本内容是:(1)_____和(2)_____。

2. 目前国际上常用的度量衡制有:(1)_____、(2)_____、(3)_____和(4)_____。我国目前使用的是:(5)_____。

3. 国际贸易中计算重量的方法主要有:(1)_____、(2)_____、(3)_____和(4)_____。计算皮重的方法有:(5)_____、(6)_____、(7)_____和(8)_____。

4. 我方按每箱 100 美元的价格出售商品 1000 箱,合同规定"数量允许有 5％上下,由卖方决定。"该条款是(1)_____条款,我方最多可装(2)_____箱,最少应装(3)_____箱。如我方实际装运 1030 箱,对方应付我方货款(4)_____美元。

5. 对溢短装部分的货物价格,通常有如下几种确定方法:按(1)_____计算、按(2)_____计算、按(3)_____计算,若合同中未明确按何种方法计价,根据国际贸易惯例应按(4)_____计算。

6. 买卖合同数量条款中最基本的内容主要有:(1)_____和(2)_____。

三、单项选择题

1. 在国际贸易中,对生丝、羊毛、棉花等有较强的吸湿性商品,其计重办法通常为(　　)。
A. 毛重　　　　　　B. 净重　　　　　　C. 公量　　　　　　D. 理论重量

2. 根据国际商会《跟单信用证统一惯例》500 号出版物之规定,对于"约量"允许其增减幅度不超过(　　)。
A. 3％　　　　　　B. 5％　　　　　　C. 10％　　　　　　D. 15％

3. 根据国际商会《跟单信用证统一惯例》500 号出版物之规定,在以信用证支付方式进行散装货物的买卖中,若合同中未明确规定机动幅度,其交货数量可有的增减幅度为(　　　)。

  A. 3％   B. 5％   C. 10％   D. 15％

  4. 在国际贸易中,买卖商品是按重量计价的,若合同未明确规定计算重量的办法时,按惯例,应按(　　　)。

  A. 净重计   B. 毛重计   C. 皮重计   D. 重量计

  5. 在国际贸易中,适用于低值商品的计重办法是(　　　)。

  A. 毛重   B. 净重   C. 公量   D. 理论重量

  6. "以毛作净"实际上就是(　　　)。

  A. 以净重作为毛重当作计价的基础 B. 按毛重计算重量作为计价的基础

  C. 按理论重量作为计价的基础   D. 按法定重量作为计价的基础

  7. 在国际贸易中最常见的计重方法是(　　　)。

  A. 净重   B. 毛重   C. 公量   D. 法定重量

  8. 目前,我国采用以(　　　)为基础的法定计量单位。

  A. 公制   B. 美制   C. 英制   D. 国际单位制

  9. 溢短装数量的计价方法一般采用(　　　)。

  A. 按合同价格结算

  B. 按装运时国际市场的价格计算

  C. 按货物到目的地时的世界市场价格计算

  D. 由仲裁机构解决

  10. 对于大批交易的散装货,因较难掌握商品的数量,通常在合同中规定(　　　)。

  A. 品质公差条款   B. 溢短装条款

  C. 立即装运条款   D. 仓至仓条款

四、多项选择题

  1. 在采用净重计重时,国际上通常计算包装重量的做法有(　　　)。

  A. 按实际皮重计算   B. 按平均皮重计算

  C. 按习惯皮重计算   D. 按约定皮重计算   E. 按法定皮重计算

  2. 在国际贸易中通常采用的度量衡制度有(　　　)。

  A. 英制   B. 美制

  C. 国际单位制   D. 公制   E. 混合制

  3. 在货物买卖合同中,数量机动幅度的选择权可由(　　　)行使。

  A. 船方   B. 卖方

  C. 买方   D. 中间商   E. 开证行

  4. 数量条款主要涉及(　　　)。

  A. 成交数量确定   B. 计量单位确定

  C. 计量方法确定   D. 数量机动幅度的掌握

  E. 质量机动幅度及质量公差确定

5. 合同中溢短装部分的计价（ ）。

A. 可以按合同价格计 　　　　B. 可以按市场价格计

C. 可以部分按合同价格计，部分按市场价格计

D. 只能按合同价格计 　　　　E. 只能按市场价格计

五、判断题

1. 合同的数量机动幅度选择权只能由买方行使。 （ ）

2.《跟单信用证统一惯例》规定"约量"应解释为允许有5％的增减幅度。 （ ）

3. 对吸湿性强的商品一般采用公量计算重量。 （ ）

4. 如果合同中未明确规定按毛重还是按净重计价，根据惯例，应按毛重计价。 （ ）

5. 卖方所交货物如果多于合同规定的数量，按《联合国国际货物销售合同公约》规定，买方可以收取也可以拒收全部货物。 （ ）

6. 毛重是指净重加上皮重。 （ ）

7.《联合国国际货物销售合同公约》成员国之间进行交易，若卖方交货数量少于约定的数量，只要卖方在规定的交货期届满前补交少交的货物，则在任何情况下，买方都无权提出损害赔偿的请求。 （ ）

六、简答题

1. 从法律角度说明合同数量条款的重要性。

2. 在国际货物买卖中，通常有哪几种计量单位？

3. 在按重量计算商品时，有哪几种计算方法？

4. 如何计算包装的重量？

5. 什么叫溢短装条款？为什么在某些商品的买卖合同中要规定溢短装条款？

6. 对于"约量"应如何掌握？

7. 数量机动幅度的选择权应由谁掌握？

8. 溢装或短装数量的计算方法有哪些？

9. 买卖合同中的数量条款的内容有哪些？

10. 要正确掌握进出口商品的成交数量，应考虑哪些因素？

11. 国际贸易中常用的度量衡制度有哪些？

12. 溢短装的选择权由谁掌握合适？

七、案例分析题

1. 我某出口公司与俄罗斯进行一笔黄豆出口交易，合同中的数量条款规定如下：每袋黄豆净重100千克，共1000袋，合计100吨。但货物运抵俄罗斯后，经俄罗斯海关检查发现每袋黄豆净重94千克，1000袋，合计94吨。当时正逢黄豆市场价格下跌，俄罗斯以单货不符为由，提出降价5％的要求，否则拒收。

问：俄罗斯的要求是否合理？我方应采取什么补救措施？

2. 我某公司从国外进口小麦,合同数量为 200 万吨,允许溢短装 10%,而外商装船时共装运了 300 万吨。

问:对多装的 80 万吨,我方应如何处理?

3. 我某出口公司对美成交出口电冰箱 4500 台,合同规定 pyw-A、pyw-B、pyw-C 型三种型号各 1500 台,不得分批装运。待我方发货时,发现 pyw-B 型电冰箱只有 1450 台,而其他两种型号的电冰箱存货充足,考虑到 pyw-B 数量短缺不大,我方便以 50 台 pyw-A 代替 pyw-B 装运出口。

问:我方这样做是否合适,为什么?

4. 我某公司与国外某农产品贸易有限公司达成一笔出口小麦的交易,国外开来的信用证规定:"数量为 1000 吨,散装货,不准分批装运,单价为 250 美元/吨 CIF 悉尼,信用证金额为 25 万美元⋯⋯"但未表明可否溢短装。卖方在根据信用证的规定装货时,多装了 15 吨。

问:(1)银行是否会以单证不符而拒付,为什么?(2)《联合国国际货物销售合同公约》对交货数量是如何规定的?

5. 我某出口公司以 CIF 条件与意大利客商签订了一份出口 500 吨大豆的合同,合同规定:双线新麻袋包装,每袋 50 千克,外销价为每吨 200 美元 CIF 悉尼,即期信用证支付方式付款。我方公司凭证出口并办妥了结汇手续。货到后买方来电称:我方公司所交货物扣除皮重后不足 500 吨,要求我方退回因短量而多收的货款。

问:对方的要求是否合理,为什么?

第三章　商品的包装

一、名词解释(先译成中文,再解释含义)

1. mark of Transport Packing
2. packing of nominated brand
3. neutral packing
4. neutral packing without designated brand
5. neutral packing with buyer's brand
6. transport packing
7. selling packing
8. shipping mark
9. indicative mark
10. warning mark

二、填空题

1. 国际贸易中商品包装的主要功能是:(1)_____;(2)_____;(3)_____。

2. 我国出口商品包装遵循的原则是:科学、经济、(1)_____、(2)_____、(3)_____。

3. 包装条款的主要内容有:(1)_____、(2)_____、(3)_____和(4)_____。

4. 运输标志又称(1)_____,一般由三个部分组成,依次分别是:(2)_____、(3)_____、(4)_____。

5. 按国际标准化组织建议的唛头,第一行应刷(1)_____,第二行刷(2)_____,第三行刷(3)_____,第四行刷(4)_____。

6. 不注明生产国别、地名、厂名,也不注明原有商标和牌号的商品包装称为_____。

7. 商品包装按用途不同,可分为:(1)_____和(2)_____。

8. 对易破碎、残损、变质的商品,应做出_____标志,以便引起有关方面注意。

9. 采用中性包装是为了打破某些国家或地区对某些商品实行(1)_____和不合理的(2)_____限制或其他一些(3)_____政策。它是推销出口商品的一种手段。

10. 中性包装有(1)_____和(2)_____两种做法。

11. 我们采用定牌,是为了利用买方的(1)_____和他们的(2)_____,以提高商品售价并扩大销路。

12. 在我国出口业务中按是否涉及商标或牌名、生产国别,通常采用的三种包装做法是:(1)_____、(2)_____、(3)_____。

13. 用文字说明表示包装的方法:(1)_____、(2)_____、(3)_____、(4)_____、(5)_____、(6)_____。

三、单项选择题

1. 直接接触商品并随商品进入零售网点与消费者见面的包装叫( )。
A. 运输包装   B. 销售包装
C. 中性包装   D. 定牌

2. 在运输包装上书写、压印、刷制的简单的图形、文字叫( )。
A. 指示性标志   B. 运输标志
C. 警告性标志   D. 销售标志

3. "唛头"是运输包装的标志中的( )。
A. 主要标志   B. 目的地标志
C. 原产地标志   D. 件号标志

4. 按照国际惯例,如果合同中没有相关规定,则运输标志一般由( )提供。
A. 开证行   B. 卖方   C. 买方   D. 船方

5. 按照国际贸易有关惯例,卖方必须在运输单据上表明( )。
A. 包装标志   B. 警告性标志
C. 指示性标志   D. 运输标志

6. 定牌中性包装是指( )。
A. 在商品本身及其包装上使用买方指定的商标/牌名,但不注明生产国别
B. 在商品本身及其包装上使用买方指定的商标/牌名,也注明产地
C. 在商品本身及其包装上不使用买方指定的商标/牌名,也不注明产地
D. 在商品本身及其包装上不使用买方指定的商标/牌名,但注明产地

7. 条码主要用于商品的( )上。
A. 销售包装   B. 运输包装
C. 销售包装和运输包装   D. 任何包装

8. 运输包装的标志是指( )
A. 商品内包装上的标志   B. 商品外包装上的标志
C. 运输工具上的标志   D. 待运货场的标志

9. 包装上既无生产国别和厂商名称,又无商标、牌名的是( )。
A. 定牌中性包装   B. 无牌中性包装
C. 定牌生产   D. 无牌生产

四、多项选择题

1. 运输包装的主要作用在于( )。
A. 保护商品   B. 防止货损货差

C. 促进销售　　　　　　　　　D. 宣传商品　　　　　　E. 吸引客户

2. 按照国际标准化组织的建议和推荐,标准运输标志的内容包括(　　)。

A. 收货人的英文缩写字母或简称　B. 参考号

C. 目的地　　　　　　　　　　D. 件数号码　　　　　　E. 条形码

3. 包装条款的内容主要包括(　　)。

A. 包装材料　　　　　　　　　B. 包装方式

C. 包装规格　　　　　　　　　D. 包装标志　　　　　　E. 包装费用

4. 包装标志主要包括(　　)。

A. 运输标志　　　　　　　　　B. 指示性标志

C. 警告性标志　　　　　　　　D. 识别标志

5. 常见的集合运输包装有(　　)。

A. 集装袋　　　　　　　　　　B. 集装包

C. 集装箱　　　　　　　　　　D. 托盘　　　　　　　　E. 泡沫箱

五、判断题

1. 若一方违反了所约定的包装条件,另一方有权提出索赔,但无权拒收货物。(　　)

2. 在出售的商品或包装上标明卖方指定的商标或牌号,即为定牌生产。　　　(　　)

3. 溢短装部分的货物,除非合同另有规定,一般按合同价格计算。　　　　　(　　)

4. 货物外包装上的标志就是运输标志,也就是通常所说的唛头。　　　　　　(　　)

5. 我国生产的出口商品,在采用定牌出口时,一般不需注明"中国制造"的字样。(　　)

6. 运输标志一般由卖方确定并制作,不必在合同中规定。　　　　　　　　　(　　)

六、简答题

1. 简述进出口商品包装的重要性和约定包装条款的意义。

2. 出口商品包装有哪几种?其各有何作用?

3. 运输包装有哪些种类?

4. 常见的销售包装有哪几类?

5. 什么叫条形码?在包装上采用条形码有何意义?

6. 什么是中性包装?在国际贸易中为什么会出现中性包装?

7. 什么叫定牌生产?我国在出口贸易中接受定牌生产的具体做法是什么?

8. 买卖合同中包装条款有哪些内容?

9. 买卖双方在合同中商订包装条款时应注意哪些问题?

10. 在运输包装上刷制的标志有哪几种?它们各起何作用?

七、案例分析题

1. 我某公司向俄罗斯出口大豆,合同规定数量为 1000 公吨,用麻袋装。我方在装运中,由于麻袋数量不足,有 100 公吨的货物擅自改用塑料袋代替麻袋装运。

问:我方的行为是否构成违约?对方是否有权拒收或以此向我方提出索赔?

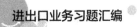

2. 我某厂向国外出口一批灯具。合同上规定每筐 30 只,共 100 筐。我方工作人员为方便起见,改为每筐 500 只,共 6 筐,灯具总数不变。

问:这种处理方式是否构成违约?

3. 菲律宾某公司与上海某自行车厂洽谈进口业务,打算从我国进口"永久"牌自行车 10000 辆。但要求我方改用"剑"牌商标,并不得在包装上注明"Made in China"字样。

问:我方是否可以接受?在处理此项业务时,应注意什么问题?

4. 我某进出口公司向加拿大某商人出售一批货物,约定用编织袋包装,并要求同时使用英文和法文的贴头。但我方公司交货时,却改用塑料袋包装,且仅使用英文的贴头。加拿大商人收到货物时,货物仍完好无损。后来,加拿大商人为了便于在当地销售该批货物,便自行更换包装和贴头,由此产生费用损失,遂向我方公司要求赔偿。

问:此项索赔是否合理?我方公司应如何处理此事?

第四章　商品的价格和贸易术语

一、名词解释(先译成中文,再解释含义)

1. trade terms
2. INCOTERMS 2010
3. symbolic delivery
4. actual delivery
5. FOB /CFR/CIF/FCA/CPT/CIP
6. total cost of export
7. export cost in terms of foreign exchange
8. net price
9. commission
10. discount
11. hard coin
12. soft coin
13. exchange rate
14. price including commission

二、填空题

1. 进出口商品单价应包括四个部分:(1)_____ 、(2)_____ 、(3)_____ 和(4)_____ 。

2. 实际交货是卖方将(1)_____ 交与买方,象征性交货是卖方将(2)_____ 交与买方。

3. 国际贸易中最常用的适合水上运输的贸易术语有(1)_____ 、(2)_____ 、(3)_____ 三种。与之相对应的适用于任何运输方式包括多式联运的贸易术语有(4)_____ 、(5)_____ 、(6)_____ 三种。

4. 在与美国、加拿大等美洲国家和地区贸易时,如采用(1)_____ 和(2)_____ 贸易术语,要在其后加"Vessel"字样,以免发生争议。

5. 有关贸易术语的国际惯例有三:(1)_____ ;(2)_____ ;(3)_____ 。

6. 在_____ 贸易术语下,卖方应特别注意及时发出装船通知。

7. 《1932 年华沙—牛津规则》对_____ 贸易术语作了具体解释。

8.《1941 年美国对外贸易定义修正本》解释了(1)_____、(2)_____、(3)_____、(4)_____、(5)_____和(6)_____六种贸易术语。

9.《2010 年国际贸易术语解释通则》对(1)_____种贸易术语作了解释,可将它们分为(2)_____组,其中 E 组术语有(3)_____,F 组术语有(4)_____,C 组术语有(5)_____,D 组术语有(6)_____。

10. 我国进出口商品的作价原则是:在贯彻(1)_____的原则下,根据(2)_____,结合(3)_____,并按(4)_____确定适当的价格。

11.《2010 年国际贸易术语解释通则》于(1)_____公布,于(2)_____正式生效。

12. 国际商会 2010 年修订《通则》的主要原因是:为了使贸易术语_____。

13.《2010 年国际贸易术语解释通则》中,C 组术语关于费用划分和风险划分的分界点是相分离的,即(1)_____的分界点在出口国,而(2)_____在进口国。

14. FOB、CFR 和 CIF 贸易术语变形,主要是为了明确_____。

15. 进出口合同中的作价办法常见的有:(1)_____、(2)_____、(3)_____、(4)_____和滑动价格。

16. 常用的 FOB 贸易术语变形有:(1)_____、(2)_____、(3)_____和(4)_____。

17. 常用的 CIF 贸易术语变形有:(1)_____、(2)_____、(3)_____和(4)_____。

18.《2010 年国际贸易术语解释通则》中适用于水上运输的贸易术语有:(1)_____、(2)_____、(3)_____、(4)_____、(5)_____和(6)_____。其余的贸易术语均可适用于各种运输方式。

19. 在实际业务中,计算佣金有两种办法,即以(1)_____为基础计算或以(2)_____为基础计算。

20.《1980 年国际贸易术语解释通则》中增加的三个适用于集装箱运输及以集装箱运输为媒介的多式联运的贸易术语 FRC、DCP 和 CIP,在 1990 年修订本中分别改为(1)_____、(2)_____和(3)_____。

21. 选择贸易术语应注意以下几个方面:(1)_____;(2)_____;(3)_____;(4)_____等。

22. 我方按 CFR Ex ship's Hold 条件出口成交一批大宗货物,则在租船时,应按(1)_____或(2)_____装卸条件订立租船合同。

23. 在买卖合同中,如果采用非固定价格,为提高合同的稳定性,应注意在合同中明确规定(1)_____和(2)_____。

24.《2010 年国际贸易术语解释通则》规定:由买方办理出口手续和交纳出口费用的贸易术语有(1)_____;由卖方办理进口清关手续的贸易术语有(2)_____。

25. 出口换汇成本的公式为:_____

26. 出口换汇成本越(1)_____效益越好,它与(2)_____成正比,与(3)_____成反比。

27. 出口总成本中,通常包括三个方面内容:(1)_____、(2)_____和(3)_____。

28. 出口盈亏额为_____减去出口总成本。

29. 固定价格的好处是合同比较稳定,它的缺点是要承受_____的风险。

30. 退税收入＝_____×退税率

31. 如果合同中未规定计价货币和支付货币的换算方法,按惯例,按_____时的汇率计算。

三、单项选择题

1.《国际贸易术语解释通则》是由( )制定的。

A. 国际法协会　　　　　　　　B. 国际商会

C. 联合国贸发会　　　　　　　D. 联合国国际法委员会

2. 专门解释 CIF 合同的国际贸易惯例是( )。

A.《华沙—牛津规则》　　　　　B.《美国对外贸易定义》

C.《国际贸易术语解释通则》　　D.《国际货物销售合同公约》

3. 在有关贸易术语的国际贸易惯例中,包含术语最多、应用范围最广的是( )。

A.《海牙规则》　　　　　　　　B.《华沙—牛津规则》

C.《美国对外贸易定义》　　　　D.《国际贸易术语解释通则》

4.《2010 年国际贸易术语解释通则》中包含的贸易术语有( )。

A. 11 种　　　　　　　　　　　B. 12 种

C. 13 种　　　　　　　　　　　D. 15 种

5.《2010 年国际贸易术语解释通则》将所涉及的贸易术语分为( )。

A. 二组　　　　　　　　　　　B. 三组

C. 四组　　　　　　　　　　　D. 五组

6. 下列有关国际贸易惯例的论述中,错误的是( )。

A. 惯例不同于法律,它对合同的当事人不具有任何的约束力

B. 当事人可以明确的合同条款,使惯例对当事人产生约束力

C. 当事人可以明确的合同条款,排除惯例对当事人的约束力

D. 根据有关法律,司法部门处理争议时要参照国际贸易惯例

7. 按照《2010 年国际贸易术语解释通则》,采用 CIF 条件成交,买卖双方风险划分的界限是( )。

A. 装运港船边　　　　　　　　B. 装运港船上

C. 装运港船舷　　　　　　　　D. 目的港船舷

8. 采用 FOB 条件成交时,卖方欲不负担装船费用,可采用( )。

A. FOB Liner Terms　　　　　　B. FOB Stowed

C. FOB Trimmed　　　　　　　D. FOB ST

9. 根据《2010 年国际贸易术语解释通则》,FOB 和 FCA 的主要区别是( )。

A. 适合的运输方式不同　　　　B. 办理出口手续的责任方不同

C. 办理进口手续的责任方不同　D. 负责订立运输合同的责任方不同

10. 根据《2010 年国际贸易术语解释通则》,按 CFR 术语成交,卖方无义务( )。

A. 提交货运单据　　　　　　　B. 租船订舱

C. 办理货运保险　　　　　　　D. 取得出口许可证

11. FOB 与 CFR 术语的主要区别在于(   )。

A. 风险划分的界限不同   B. 办理运输的责任方不同

C. 办理货运保险的责任方不同   D. 办理进、出口通关手续的责任方不同

12. 根据《2010 年国际贸易术语解释通则》,"运费付至指定目的地"是指(   )。

A. CFR   B. CIF   C. CPT   D. CIP

13.《2010 年国际贸易术语解释通则》中卖方责任最大的贸易术语是(   )。

A. EXW   B. CIF   C. DAT   D. DDP

14.《2010 年国际贸易术语解释通则》中买方责任最大的贸易术语是(   )。

A. EXW   B. CIF   C. DAP   D. DDP

15. 根据《2010 年国际贸易术语解释通则》,按 EXW 术语成交的合同中,买卖双方风险划分的界限是(   )。

A. 货物存放仓库   B. 出口国工厂

C. 货交买方处置   D. 出口国交货地点

16. 根据《2010 年国际贸易术语解释通则》,FAS 条件下买卖双方风险划分的界限是(   )。

A. 装运港船边   B. 装运港船上

C. 目的港船边   D. 目的港船上

17. 根据《2010 年国际贸易术语解释通则》,FAS 与 FOB 的主要区别在于(   )。

A. 风险划分的界限不同   B. 租船订舱的责任方不同

C. 办理出口手续的责任方不同   D. 办理进口手续的责任方不同

18. 根据有关国际贸易惯例,采用 DAF 术语成交时,卖方在(   )交货。

A. 出口国内约定地点   B. 进口国内约定地点

C. 两国边境约定地点   D. 进口国边境指定地点

19. 根据《2010 年国际贸易术语解释通则》,下列贸易术语中,由买方负责办理出口通关手续并承担有关费用的是(   )。

A. EXW   B. CPT   C. FCA   D. DDP

20. DAP 和 DDP 术语都是在进口国内指定地点交货的贸易术语,二者的主要区别在于(   )。

A. 风险划分的界限不同   B. 适用的运输方式不同

C. 办理出口手续的责任方不同   D. 办理进口手续的责任方不同

21. 根据《2010 年国际贸易术语解释通则》,E 组与 F 组贸易术语的主要区别在于(   )。

A. 前者卖方在出口国内陆交货,后者卖方在进口国内陆交货

B. 前者适用于各种运输方式,后者仅适用于水上运输方式

C. 前者卖方不负责办理出口手续,后者卖方负责办理出口手续

D. 前者以工厂作为风险划分界限,后者以船舷作为风险划分界限

22. 根据《2010 年国际贸易术语解释通则》,下列贸易术语中,属于"主要运费未付"的是(   )。

A. FCA   B. CPT   C. EXW   D. DDP

23. 根据《2010 年国际贸易术语解释通则》,采用(　　)术语成交时,从交货地点至目的地的货物运输费用由买方承担。

A. CFR　　　　　　B. CIF　　　　　　C. CIP　　　　　　D. FAS

24. 根据《2010 年国际贸易术语解释通则》,采用(　　)术语成交时,卖方要负责订立运输合同,但不负责货物从交货地点至目的地的风险。

A. E 组　　　　　　B. F 组　　　　　　C. C 组　　　　　　D. D 组

25. 根据《2010 年国际贸易术语解释通则》,F 组的三种贸易术语的共同点是(　　)。

A. 由卖方自负费用订立运输契约

B. 由买方自负费用订立运输契约

C. 由卖方负责办理进口通关手续

D. 由买方负责办理出口通关手续

26. 下列有关 D 组贸易术语的说明中,与《2010 年国际贸易术语解释通则》的规定不符的是(　　)。

A. 采用 D 组术语成交的合同属于到达合同

B. 采用 D 组术语成交时,卖方无义务办理货运保险

C. 采用 D 组术语成交时,均由卖方办理出口通关手续

D. 采用 D 组术语成交时,均由买方办理进口通关手续

27. 根据《2010 年国际贸易术语解释通则》,若以 FOB 条件成交,买卖双方风险划分是以(　　)为界。

A. 货交承运人监管　　　　　　　　B. 装运港船上

C. 货交买方处置　　　　　　　　　D. 目的港船上

28. 表明"主运费已付"的是(　　)术语。

A. E 组　　　　　　　　　　　　　B. F 组

C. C 组　　　　　　　　　　　　　D. D 组

29. 根据《2010 年国际贸易术语解释通则》,CIF 与 CFR 的主要区别在于(　　)。

A. 前者卖方租船订舱,后者买方租船订舱

B. 前者卖方办理货运保险,后者买方办理货运保险

C. 前者卖方承担装船前的一切风险,后者买方承担装船前的一切风险

D. 前者卖方办理出口手续,后者买方办理出口手续

30. 以(　　)组术语成交的合同称为到达合同。

A. E　　　　　　B. F　　　　　　C. C　　　　　　D. D

31. 最早的《国际贸易术语解释通则》产生于(　　)。

A. 1928 年　　　　　　　　　　　B. 1935 年

C. 1936 年　　　　　　　　　　　D. 1937 年

32. 商品出口总成本与出口所得的外汇净收入之比,是(　　)。

A. 出口商品盈亏额　　　　　　　　B. 出口商品盈亏率

C. 出口换汇成本　　　　　　　　　D. 出口创汇率

33. 某商品出口总成本为 14000 元人民币,出口后外汇净收入为 2000 美元,如果中国

银行的外汇牌价为 100 美元换 830 元人民币,则该商品出口盈亏率为( )。

　　A. 18.50％　　　　　　B. 18.57％　　　　　C. 18.60％　　　　　D. 18.65％

34. 某买卖合同中规定:"如果卖方因国内原材料价格指数上升 1％,对本合同未执行的数量,双方协商调整价格。"这是( )。

　　A. 固定价格　　　　　　　　　　　　　B. 非固定价格

　　C. 暂定价格　　　　　　　　　　　　　D. 价格调整条款

35. 某合同价格条款规定为"每公吨 CIF 大阪 100 美元",这种价格是( )。

　　A. 净价　　　　　　　　　　　　　　　B. 含佣价

　　C. 离岸价　　　　　　　　　　　　　　D. 成本价

36. 我国某公司对外报价为 CIF 价 150 美元,外商要求改报 CIFC5％,我方应报价( )。

　　A. 157.0 美元　　　　　　　　　　　　B. 157.4 美元

　　C. 157.8 美元　　　　　　　　　　　　D. 157.9 美元

37. 在进出口贸易中,代理人或经纪人为委托人服务而收取的报酬叫作( )。

　　A. 酬金　　　　　B. 回扣　　　　　C. 折扣　　　　　D. 佣金

38. 国际贸易货款的支付中选用计价货币的原则是( )。

　　A. 收硬付硬　　　　　　　　　　　　　B. 收硬付软

　　C. 收软付硬　　　　　　　　　　　　　D. 收软付软

39. CIF 与 DES 的区别,除了交货地点和交货方式外,( )。

　　A. 只有风险划分的界限不同　　　　　　B. 只有费用的负担不同

　　C. 风险划分与费用负担都不同　　　　　D. 适用运输方式不同

四、多项选择题

1. 在国际贸易中使用贸易术语是为了确定( )问题。

　　A. 交货条件　　　　　　　　　　　　　B. 支付手段

　　C. 价格构成　　　　　　　　　　　　　D. 争端解决

2. 有关贸易术语的国际惯例有( )。

　　A.《2010 年国际贸易术语解释通则》　　B.《1932 年华沙—牛津规则》

　　C.《约克—安特卫普规则》　　　　　　D.《1941 年美国对外贸易定义修正本》

3. 关于国际贸易惯例对当事人具有约束力的说法中错误的是( )。

　　A. 在合同中做出的规定必须与惯例的解释相符否则无效

　　B. 当合同中对某一问题未做出规定时,应参照有关贸易惯例

　　C. 惯例是由国际组织制定的,对合同的当事人具有强制的约束力

　　D. 当事人如果明确规定采纳有关惯例时,该惯例具有约束力

4. 我们说国际贸易术语一方面用来表示交易商品的价格构成,另一方面用以确定交货条件,后者是指( )。

　　A. 确定所有权转移的时间和方式　　　　B. 确定风险转移的界限

　　C. 确定交货的方式　　　　　　　　　　D. 划分交易双方承担的责任和费用

5.《2010年国际贸易术语解释通则》与《1941年美国对外贸易定义修正本》中都涉及的贸易术语有( )。

　　A. FOB　　　　　　B. FAS　　　　　　C. CIF　　　　　　D. CPT

6. 在下列贸易术语中,《1932年华沙—牛津规则》中没有包括的是( )。

　　A. FCA　　　　　　B. FOB　　　　　　C. CIF　　　　　　D. CFR

7. 在采用FOB术语成交,利用程租船运输的大宗货物的交易中,如果卖方不愿意承担装船费用,可选择( )。

　　A. FOB Liner Terms　　　　　　　　B. FOB Under Tackle

　　C. FOB Stowed　　　　　　　　　　D. FOB Trimmed

8. 我们说将CIF称作"到岸价"是错误的,这主要是因为( )。

　　A. CIF条件下,卖方交货地点是在装运港而不是目的港

　　B. 卖方不负担将货物从装运港运往目的港的责任和费用

　　C. 卖方不负责办理从装运港到目的港的货运保险

　　D. 卖方承担的风险在装运港将货物装上船后即转移给买方

9. 下列有关FCA术语的解释中正确的是( )。

　　A. FCA术语适用于水上运输和陆上运输方式,但不适用于航空运输

　　B. FCA条件下,如在内陆交货,卖方也要负责办理货物出口报关的手续

　　C. 按FCA术语成交,当货物交给承运人控制时,风险即由卖方转移给买方

　　D. FCA条件下,将货物由交货地点运往目的地的运输责任和费用由买方负担

10.《2010年国际贸易术语解释通则》中CFR和CPT术语的相同之处表现在( )。

　　A. 按这两种术语成交的合同均属于装运合同

　　B. 采用这两种术语时,卖方都是在装运港交货

　　C. 卖方都要自费订立从交货地到目的地的运输合同

　　D. 出口报关均由卖方负责,进口报关均由买方负责

11. 根据《2010年国际贸易术语解释通则》,采用CFR术语时卖方应承担的基本义务包括( )。

　　A. 租船订舱,将货物装船并支付正常运费

　　B. 办理货运保险

　　C. 负担将货物运至目的港之前的风险

　　D. 办理出口通关手续

12. 采用CFR术语成交时,买方欲不负担包括驳船费在内的卸货费用,可采用( )。

　　A. CFR Liner Terms　　　　　　　　B. CFR Landed

　　C. CFR Ex Tackle　　　　　　　　　D. CFR Ex Ship's Hold

13. 根据《2010年国际贸易术语解释通则》,CIP、CPT和FCA的相同之处表现在( )。

　　A. 交货方式相同　　　　　　　　　B. 风险划分界限相同

　　C. 当事人的责任相同　　　　　　　D. 适用任何运输方式相同

14. 根据《2010年国际贸易术语解释通则》,FOB、CFR和CIF的共同点表现为( )。

　　A. 交货地点都是在装运港　　　　　B. 均适用于水上运输方式

C. 风险划分都是以装运港装上船为界　　D. 买卖双方承担的责任义务相同

15. 按照国际贸易惯例,EXW 条件下,卖方承担的基本义务有(　　)。

A. 提交符合合同规定的货物　　　　　B. 提交有关的运输单据

C. 提交商业发票　　　　　　　　　　D. 办理出口通关手续

16. 根据《2010 年国际贸易术语解释通则》,DAT 与 DAP 的主要区别在于(　　)。

A. 风险划分的界限不同

B. 卖方交货的具体地点不同

C. 适用的运输方式不同

D. 是否将到达的货物从运输工具上卸下来完成交货义务有所不同

17. 根据《2010 年国际贸易术语解释通则》,DAT 条件下,买方承担的义务中不包括
(　　)。

A. 签订货物运输合同　　　　　　　　B. 办理货物运输保险

C. 承担在目的地的卸货费用　　　　　D. 办理进口通关手续

18. 根据《2010 年国际贸易术语解释通则》,DAP 条件下,卖方要负责(　　)。

A. 将货物运至指定目的地　　　　　　B. 办理货物的出口手续

C. 办理货物的进口清关手续　　　　　D. 提交进口许可证并交纳关税

19. FAS 与 FOB 的相同之处主要有(　　)。

A. 二者均适用于水上运输方式　　　　B. 卖方都是在装运港口完成交货

C. 卖方都要负责办理出口手续　　　　D. 卖方都要承担货物的装船费用

20. 根据《2010 年国际贸易术语解释通则》,采用 DDP 术语成交时,卖方承担的基本
义务有(　　)。

A. 将合同规定的货物运到约定的目的地

B. 办理货物的出口手续并交纳出口关税

C. 办理货物的进口手续并交纳进口关税

D. 承担在交货地点实际交货前的所有风险

21. 根据《2010 年国际贸易术语解释通则》,下列贸易术语中,仅适用于水上运输方式
的是(　　)。

A. EXW　　　　　　　　　　　　　　B. FAS

C. CIF　　　　　　　　　　　　　　　D. DAP

22. 根据《2010 年国际贸易术语解释通则》,下列贸易术语中,适用于各种运输方式的
是(　　)。

A. DAT　　　　　　　　　　　　　　B. DAP

C. CIF　　　　　　　　　　　　　　　D. DDP

23. 根据《2010 年国际贸易术语解释通则》,采用 E 组贸易术语成交时,卖方的基本义
务包括(　　)。

A. 提交符合合同规定的货物

B. 提交商业发票或同等效力的电子单证

C. 签订运输合同并提交相关的运输单证

D. 办理货运保险并提交相关的保险单证

24. 根据《2010年国际贸易术语解释通则》，F组与E组术语的不同点主要包括（　　）。

A. 风险划分的界限不同　　　　　　　B. 办理货物运输的责任方不同

C. 办理出口报关的责任方不同　　　　D. 办理进口报关的责任方不同

25. 根据《2010年国际贸易术语解释通则》，采用C组贸易术语成交时，卖方均要负责（　　）。

A. 在装运港将货物交到买方安排的运输工具上

B. 提交出口许可证并自费办理货物的出口手续

C. 自负风险签订货物运输合同并支付相关运费

D. 自负风险签订货运保险合同并支付保险费

26. 下列有关到达合同的说法中，正确的是（　　）。

A. 采用D组贸易术语成交的合同均属于到达合同

B. 按到达合同成交时，均采用实际交货的方式

C. 按到达合同成交时，卖方有义务办理进口报关和缴纳进口关税

D. 按到达合同成交时，卖方有义务办理货运保险

27. 贸易术语选用考虑的原则是（　　）

A. 增收节支外汇、运保费　　　　　　B. 适合所使用的运输方式

C. 按照实际需要，灵活掌握　　　　　D. 安全收汇，安全收货

E. 出口尽量采用FOB贸易术语，进口尽量采用CIF贸易术语

28. 下列关于装运合同和到达合同的叙述中，不正确的是（　　）。

A. 按E组、F组和C组术语成交的合同均属于装运合同

B. 按D组中的3种贸易术语成交的合同均属于到达合同

C. 采用装运合同成交时，卖方都有义务签订运输合同

D. 采用到达合同成交时，卖方都有义务签订保险合同

29. 下列单价条款对佣金描述正确的有（　　）。

A. 每公吨150美元CIF上海包括20%的佣金

B. 每公吨150美元CIF上海，每公吨付佣金3美元

C. 每公吨150美元CIFC2%上海

D. 每公吨150美元CIF上海，包含佣金

E. 每公吨150美元CIF上海

30. 合同中的单价条款包括（　　）。

A. 总值　　　　　　　　　B. 计量单位

C. 单位价格金额　　　　　D. 计价货币　　　　　E. 贸易术语

五、判断题

1. 国际贸易术语只是用来确定商品的价格构成和交货条件，并不涉及所有权转移和货款的收付等问题。（　　）

2.《2010年国际贸易术语解释通则》是国际商会制定的用以规范贸易术语的法规，对

于合同的当事人具有普遍的约束力。 （　）

3. 当合同中的规定与国际贸易惯例发生冲突时，要以惯例为准。 （　）

4.《华沙—牛津规则》是国际法协会制定的用来规范各种贸易术语的法规。 （　）

5.《2010 年国际贸易术语解释通则》在《2000 通则》的基础上，根据国际贸易飞速发展的需要，对常用的贸易术语进行了重大的调整。 （　）

6. 根据《2010 年国际贸易术语解释通则》，采用 FCA 术语成交，如果交货地点在卖方所在地，卖方要负责将货物装上买方安排的承运人的运输工具，才算完成交货义务。

（　）

7. 买卖合同的交货条件中使用了 FOB Liner Terms 并不是要求买方安排班轮运输。

（　）

8. 按照 CIF Landed New York 条件成交，卖方要负担将货物运到纽约的责任、费用及风险，并承担在目的港的卸货费用。 （　）

9. 实际业务中常将 CIF 称作"到岸价"，这就是说按 CIF 术语成交时，卖方承担将货物运达目的港之前的一切费用和风险。 （　）

10. 按 FCA、CPT 和 CIP 三种贸易术语成交，就卖方承担的风险而言，FCA 最小，CIP 最大。 （　）

11. 在 FOB、CFR 和 CIF 之后加注的港口名称有的是装运港，有的是目的港，但其交货地点都是在装运港。 （　）

12. 根据《2010 年国际贸易术语解释通则》，按 EXW 条件成交时，如果约定由卖方代办出口手续，货物被禁止出口的风险由买方承担。 （　）

13. 按照国际贸易惯例，EXW 术语仅仅适用于铁路和航空运输方式。 （　）

14. 采用 FAS 术语成交，卖方要自负风险和费用，办理货物的出口通关手续。（　）

15. 按照国际贸易惯例，DAT 术语仅仅适用于铁路和公路运输方式。 （　）

16. 根据《2010 年国际贸易术语解释通则》，按 CFR 条件成交时，卖方并无办理海运货物保险的义务。因此，卖方提交的单据中可以没有保险单。 （　）

17. 根据《2010 年国际贸易术语解释通则》，按 DAP 条件成交时，卖方除了要将货物从船上卸到码头上，还要自负风险和费用，办理货物的进口通关手续。 （　）

18. DDP 术语对于一些自由贸易区或订有关税同盟的国家之间的贸易是不适宜的。

（　）

19. 如果卖方不能直接或间接地取得进口许可证，则不应采用 DDP 术语成交。 （　）

20. 按照国际贸易惯例，采用 E 组术语成交时，货物在运输过程中的所有风险、责任和费用均由买方承担。 （　）

21. F 组中包括的三种贸易术语均属于在装运港交货的术语，因此，仅适用于水上运输方式。 （　）

22. 采用 C 组术语成交时，卖方有义务订立运输契约，并且自负风险和费用，将货物运到约定的目的地。 （　）

23. 按 C 组和 D 组贸易术语成交时，卖方都有义务将货物运到目的地，因此，均属于到达合同。 （　）

24. 在装运合同下,卖方在约定的时间和地点,将货物交给承运人或装上运输工具,即完成交货,并无义务保证货物按时抵达目的地。　　　　　　　　　（　　）

25. 贸易术语是确定合同性质的重要因素,但不是唯一的因素。　　（　　）

26. CIF 价不包括国外保险费。　　　　　　　　　　　　　　　（　　）

27. 在采用价格调整条款时,合同价格的调整是有条件的。　　　（　　）

28. 在合同中选择固定价格是最佳的做法。　　　　　　　　　　（　　）

29. 出口成本价格就是出口成交价格。　　　　　　　　　　　　（　　）

30. 佣金是卖方给买方的价格减让。　　　　　　　　　　　　　（　　）

六、简答题

1. 什么是贸易术语?请举例说明。

2. 简要说明贸易术语的作用。

3. 国际贸易惯例是如何产生的?有关贸易术语的国际惯例都有哪些?

4. 《2010 年国际贸易术语解释通则》中包含多少种贸易术语?它们是如何分类的?

5. 如何理解国际贸易惯例对合同当事人的约束力问题?

6. FOB 的变形是如何产生的?主要有哪几种?

7. 如何理解三种常用贸易术语 FOB、CFR、CIF 以装运港船上作为划分风险的界限(交货点)?

8. 什么是象征性交货?其主要特征是什么?

9. 为什么不宜将 CIF 称作"到岸价"?

10. 怎样理解 CFR 条件下装船通知的特殊重要性?

11. 为什么会出现 CFR 和 CIF 的变形?当事人应如何选用?

12. 请指出 FOB、CFR 和 CIF 的相同点和区别。

13. 请比较 FCA、CPT 和 CIP 的异同点。

14. 什么是 EXW 术语?简要说明采用 EXW 条件成交时,买卖双方承担的基本义务。

15. FAS 与 FOB 术语相比,有哪些相同点和区别?

16. 使用 DAT 术语应注意哪些问题?

17. 请比较 DAP 和 CIF 的异同点。

18. 采用 DAP 术语时应注意哪些问题?

19. 简要说明采用 DDP 条件成交时,买卖双方承担的基本义务。

20. 采用 DDP 术语时应注意哪些问题?

21. 《2010 年国际贸易术语解释通则》中的 E 组贸易术语有何特点?

22. F 组术语都有哪些?它们有何异同点?

23. 与其他组术语相比,C 组术语有何特点?

24. D 组术语包括哪几种?它们的共性是什么?

25. 请举例说明装运合同与到达合同的区别。

26. 贸易术语与合同性质有何关系?

27. 在实际业务中选用贸易术语应考虑哪些问题?

28. 我国出口商品的作价原则是什么？

29. 影响商品成交价格的因素有哪些？

30. 在实际业务中,使用固定价格时应注意哪些问题？

31. 采用非固定价格有哪些利弊？

32. 采用非固定价格时应注意哪些问题？

33. 采用非固定价格时要选择的作价标准有几种？

34. 如何在合同中规定佣金？

35. 如何在合同中规定折扣？

36. 何谓出口盈亏率？为什么在出口贸易中要重视出口盈亏率问题？

37. 在国际货物贸易中主要采取哪些作价办法？它们各有何利弊？

七、案例分析题

1. 买卖双方按照 FOB 条件签订了一笔化工原料的买卖合同,装船前检验时,货物的品质良好,符合合同的规定。货到目的港,买方提货后检验发现部分货物结块,品质发生变化。经调查确认,原因是货物包装不良,在运输途中吸收空气中的水分导致原颗粒状的原料结成硬块。于是,买方向卖方提起索赔,但卖方指出,货物装船前是合格的,品质变化是在运输途中发生的,也就是在货物装上船之后才发生的。按照国际贸易惯例,其后果应由买方承担,因此,卖方拒绝赔偿。

问：你认为此争议应如何处理？并请说明理由。

2. 买卖双方按 CIF 条件签订了一笔初级产品的交易合同。在合同规定的装运期内,卖方备妥了货物,安排好了从装运港到目的港的运输事项。在装船时,卖方考虑到从装运港到目的港距离较近,且风平浪静,不会发生什么意外,因此,没有办理海运货物保险。实际上,货物也安全及时抵达目的港,但卖方所提交的单据中缺少了保险单,买方因市场行情发生了对自己不利的变化,就以卖方所交的单据不全为由,要求拒收货物拒付货款。

问：买方的要求是否合理？此案应如何处理？

3. 我某公司以 CIF 条件对外出口一批罐头。(1)合同签订后,接到买方来函,声称合同规定的目的港最近经常发生暴乱,要求我方在办理保险时加保战争险,对此,我公司应如何处理?(2)这批货物运抵目的港后,我方接到买方支付货款的通知,声明因货物在运输途中躲避风暴而增加的运费已代我公司支付给运输公司,故所付的款项中已将此项费用扣除。

问:对此,我公司应如何处理?

4. 我某出口公司与外商按 CIF Landed London 条件成交出口一批货物。合同规定:商品的数量为 500 箱,以信用证方式付款,5 月份装运。买方按合同规定的开证时间将信用证开抵卖方。货物顺利装运完毕后,卖方在信用证规定的交单期内办好了议付手续并收回货款。不久,卖方收到买方寄来的货物在伦敦港的卸货费和进口报关费的收据,要求我方按收据金额将款项支付给买方。

问:我方是否需要支付这笔费用,为什么?

5. 我方以 FCA 贸易术语从韩国进口服装一批,双方约定最迟的装运期为 5 月 12 日。由于我方业务员的疏忽,导致韩国出口商在 5 月 15 日才将货物交给我方指定的承运人。当我方收到货物后,发现部分货物有水渍,据查是货交承运人前两天大雨淋湿所致。据此,我方向韩国出口商提出索赔,但遭到拒绝。

问:我方的索赔是否有理,为什么?

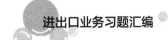

6. 我方与荷兰某客商以 CIF 条件成交一笔交易,合同规定以信用证为付款方式。卖方收到买方开来的信用证后,及时办理了装运手续,并制作好一整套结汇单据。在卖方准备到银行办理议付手续时,收到买方来电,得知载货船只在航海运输途中遭遇意外事故,大部分货物受损。据此,买方表示将等到具体货损情况确定以后,才同意银行向卖方支付货款。

问:(1)卖方可否及时收回货款,为什么? (2)买方应如何处理此事?

7. 我方以 CFR 贸易术语与美国某公司成交出口一批消毒碗柜,合同规定装运时间为4 月 15 日前。我方备妥货物,并于 4 月 8 日装船完毕。由于遇星期日休息,我方公司的业务员未及时向买方发出装运通知,导致买方未能及时办理投保手续,而货物在 4 月 8 日晚因发生了火灾而被火烧毁。

问:货物损失责任由谁承担,为什么?

8. 我某进出口公司以 CIF 伦敦价格向英国某客商出售供应圣诞节的应节杏仁一批。由于该商品的季节性较强,买卖双方在合同中规定:买方须于 9 月底以前将信用证开抵卖方,卖方保证不迟于 12 月 5 日将货物交付买方,否则,买方有权撤销合同。如卖方已结汇,卖方须将货款退还买方。

问:该合同是否还属于 CIF 合同,为什么?

9. 我某出口公司就钢材出口对外发盘,每吨 2500 美元 FOB 广州黄埔,现外商要求我方将价格改为 CIF 伦敦。

问:(1)我方对价格应如何调整?(2)如果最终按 CIF 伦敦条件签订合同,买卖双方在所承担的责任、费用和风险方面有何不同?

10. 我某公司从美国进口瓷制品 5000 件,外商报价为每件 10 美元 FOB Vessel New York。我方如期将金额为 50000 美元的不可撤销即期信用证开抵卖方,但美商要求将信用证金额增加至 50800 美元,否则,有关的出口关税及签证费用将由我方另行电汇。

问:美商的要求是否合理,为什么?

11. 我某进出口公司向新加坡某贸易有限公司出口香料 15 吨,对外报价为每吨 2560 美元 FOB 湛江,装运期为 10 月份,集装箱装运。我方 10 月 16 日收到买方的装运通知,为及时装船,公司业务员于 10 月 17 日将货物存于湛江码头仓库,不料货物因当夜仓库发生火灾而全部烧毁,以致货物损失由我方承担。

问:在该笔业务中,我方的做法有何不当之处?

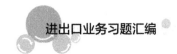

八、计算题

1. 我某公司向加拿大出口某商品,出口总价为 43500 美元 CIF 温哥华,其中运费为 1700 美元,保险费 217 美元。如果该公司收购该商品的进货价为 245700 元人民币(含增值税 17%),费用定额率 8%,出口退税率 13%,试计算该商品的出口总成本、出口销售外汇净收入和出口换汇成本。假若当期银行外汇买入价为 1 美元折合 6.10 元人民币,试计算该笔出口交易的盈亏额。

2. 我方对外报价为 FOB 价每台 100 美元,外商要求改报 FOBC3% 价,我方应报价多少?

3. 我某公司向外商报价每公吨 1000 美元 CFR 曼谷,而外商来电要求改报 CIF 曼谷含 5% 佣金价,保险加一成投保水渍险加战争险。我方应报 CIFC5% 曼谷价为多少?(注:设保险费率合计为 0.85%)

4. 我某企业向德国某公司出售一批货物，共计 500 套，出口总价为 10 万美元 CIF 汉堡，其中从宁波港运至汉堡的海运运费为 4000 美元，保险按 CIF 总价的 110% 投保一切险，保险费率 1%。这批货物的出口总成本为 55 万元人民币。结汇时，银行外汇买入价为 1 美元折合人民币 6.30 元。试计算这笔交易的换汇成本和盈亏额。

5. 一批出口货物作 CFR 价为 250000 美元，现客户要求改报 CIF 价加 20% 投保海运一切险，我方同意照办，如保险费率为 0.6%，我方应向客户报价多少？

6. 某造纸厂向某贸易公司供应某种纸张 80 吨，工厂生产成本 5500 元/吨，销售利润是生产成本的 8%，增值税率 17%，退税率 9%，贸易公司定额费用 5%。试计算：
   (1) 工厂给贸易公司的供货价每吨应为多少元？
   (2) 贸易公司的实际成本是多少元？

7. 某批商品的卖方报价为每打 60 美元 CIF 纽约，若该批商品的运费是 CIF 价的 2%，保险费是 CIF 价的 1%，现外商要求将价格改报为 FOBC3% 上海。问 FOBC3% 上海应报多少？

8. 某商品一批，出口总价为 73000 美元 CIF 伦敦，其中运费为 1540 美元，保险费为 443 美元。国内出口商品总成本总计 370000 元人民币。当时外汇牌价为 1 美元折合 6.30 元人民币，请计算该批货物的出口换汇成本。出口该批货物是否盈利？

9. 杭州某进出口公司向美国某公司出售货物一批，出口总价为 20000 美元 CIF 波士顿，其中从上海到波士顿的海运运费为 2500 美元，按 CIF 总值的 120% 投保一切险，保险费率为 5%，这批货物的国内进价及各种费用加总为 10 万元人民币。当时外汇牌价为 1 美元折合 6.30 元人民币。试计算这笔货物贸易的出口换汇成本。

10. 我某外贸公司出售一批货物至日本,出口总价为 110000 美元 CIFC5％横滨,其中从中国口岸至横滨的运费和保险费占 12％。这批货物的国内购进价为人民币 602000 元(含增值税 17％),该外贸公司的费用定额为 5％,退税率为 9％。结汇时银行外汇买入价为 1 美元折合人民币 7 元。试计算这笔出口交易的换汇成本和盈亏额。

11. 我某公司向外商报价每公吨 1000 美元 CFR 马尼拉,而外商来电要求改报 CIF 马尼拉含 5％佣金价,保险加一成投保水渍险加战争险。我方应报 CIFC5％马尼拉为多少?(注:保险费率合计为 0.85％)

12. 某公司对外报价 330 美元 FOB 宁波港,而外国商人要求报 CIF 利物浦价,假设运费每箱 40 美元,保险加一成投保平安险,保险费率为 0.6％,试计算我方应报的 CIF 利物浦价。

第五章 国际货物运输

一、名词解释(先译成中文,再解释含义)

1. liner transport
2. voyage charter /trip charter
3. time charter
4. international multimodal transport
5. partial shipments
6. demurrage
7. despatch money
8. ocean bill of lading
9. on board B/L /shipped B/L
10. received for shipment B/L
11. clean B/L
12. unclean B/L / foul B/L
13. order B/L
14. through B/L
15. air waybill
16. parcel post receipt
17. multimodal transport document
18. transhipment
19. rate of loading
20. container transport
21. charter transport
22. ante-dated B/L
23. blank endorsement

二、填空题

1. 国际贸易海运经营方式分(1)_____和(2)_____。

2. 班轮运动费的计算标准主要有：(1)_____、(2)_____、(3)_____、(4)_____、(5)_____和(6)_____。

3. 国际航空货物运输服务方式主要有：(1)_____运输、(2)_____运输、集中托运和(3)_____。

4. 国际邮政运输的特点是：(1)_____;(2)_____;(3)_____。

5. 进出口贸易不同运输方式使用不同运输单据由不同的人签发,请填写下列空格：

运输方式		使用单据	运输单据签发人
海运		(1)	(2)
空运		(3)	(4)
铁路运输	国际铁路货物联运	(5)	(6)
	对港澳铁路货物联运	(7)	(8)
集装箱运输		(9)	(10)
国际多式运输		(11)	(12)

6. 班轮条件下,船方(1)_____,所以买卖双方无须明确(2)_____的问题。

7. 有关提单的国际公约有(1)_____、(2)_____和(3)_____,但其中只有(4)_____对托运人利益考虑较多。

8. 在运价表中"W/M or A.V."表示_____。

9. 提单收货人栏内填写"To Order"或"To Order of XX Bank"时,两者均属于(1)_____提单,但前者须由(2)_____背书后才能转让,而后者须由(3)_____背书后才能转让。

10. Long form B/L 是(1)_____提单,Short form B/L 是(2)_____提单,MTD是多式联运单据。

11. 班轮运输的四个固定是指_____。

12. 清洁提单和不清洁提单的主要区别在于_____。

13. 班轮运费一般由(1)_____和(2)_____构成。

14. 集装箱共分13种型号,其中应用最广的是(1)_____英尺和(2)_____英尺两种,并以(3)_____英尺作为计算集装箱的标准箱。

15. 目前,用于国际贸易货物运输的大陆桥有：(1)_____、(2)_____和(3)_____。

16. 对外贸易运输的方针是：(1)_____、(2)_____、(3)_____、(4)_____和(5)_____。

17. 班轮运价表主要有两种,一种称为(1)_____,另一种称为(2)_____。

18. 与国际铁路联运相关的两个国际组织是：(1)_____和(2)_____。

19. 海运提单与其他运输单据的不同之处是它具有_____的作用。

20. 在对香港地区出口的铁路货物运输中,"承运货物收据"的作用是：(1)_____;(2)_____。

21. 当前我国内地对香港的铁路运输的特点是：_____。

22. 托盘运输和集装箱运输是_____运输的两种主要形式。

23. 海运提单的抬头可分为：(1)_____、(2)_____和(3)_____。

24. 国际多式联运必须具备的条件有：(1)_____、(2)_____、(3)_____、(4)_____、(5)_____和(6)_____。

25. 国际多式联运和联运提单的区别是：(1)_____、(2)_____。

26. 国际海洋运输,按船舶经营方式可分为：(1)_____、(2)_____。租船运输又可分为：(3)_____、(4)_____。

27. 国际贸易中经常使用的可转让的提单有：(1)_____、(2)_____。

28. 装运条款中规定装运时间的方法有：(1)_____、(2)_____、(3)_____、(4)_____和(5)_____。

29. 集装箱运输中,FCL/FCL 含义为(1)_____,LCL/LCL 含义为(2)_____,DOOR/DOOR 含义为(3)_____。

30. (1)_____与(2)_____统称为运费吨。

三、单项选择题

1. 国际贸易中最主要的运输方式是(   )。
A. 航空运输　　　　B. 铁路运输　　　　C. 海洋运输　　　　D. 公路运输

2. 在班轮运价表中用字母"M"表示的计收标准为(   )。
A. 按货物毛重计收　　　　　　　B. 按货物体积计收
C. 按商品价格计收　　　　　　　D. 按货物件数计收

3. 在定程租船方式下,装卸费收取较为普遍采用的办法是(   )。
A. 船方不负担装卸费
B. 船方负担装卸费
C. 船方负担装货费,而不负担卸货费
D. 船方只负担卸货费,而不负担装货费

4. 在定程租船方式下,装卸费的收取办法中 FOB 的含义是(   )。
A. 船方不负担装卸费
B. 船方负担装卸费
C. 船方只负担装货费,而不负担卸货费
D. 船方只负担卸货费,而不负担装货费

5. 仅次于海洋运输的一种主要运输方式是(   )。
A. 铁路运输　　　　　　　　B. 公路运输
C. 航空运输　　　　　　　　D. 管道运输

6. 小件急需品和贵重货物,其有利的运输方式是(   )。
A. 海洋运输　　　　　　　　B. 邮包运输
C. 航空运输　　　　　　　　D. 公路运输

7. 在国际买卖合同中,使用较普遍的装运期规定办法是(   )。
A. 明确规定具体的装运时间
B. 规定收到信用证后若干天装运
C. 收到信汇、电汇或票汇后若干天装运

D. 笼统规定近期装运

8. 在规定装卸时间的办法中,使用最普遍的是(　　)。

A. 日或连续日　　　　　　　　　　B. 累计 24 小时好天气工作日

C. 连续 24 小时好天气工作日　　　　D. 24 小时好天气工作日

9. 在进出口业务中,经过背书能够转让的单据有(　　)。

A. 铁路运单　　　　　　　　　　　B. 海运提单

C. 航空运单　　　　　　　　　　　D. 邮包收据

10. 按提单收货人抬头分类,在国际贸易中被广泛使用的提单有(　　)。

A. 记名提单　　　　　　　　　　　B. 不记名提单

C. 指示提单　　　　　　　　　　　D. 班轮提单

11. 我国内地经由铁路供应港澳地区的货物,向银行收汇的凭证是(　　)。

A. 国际铁路联运单　　　　　　　　B. 国内铁路联运单

C. 承运货物收据　　　　　　　　　D. 多式联运单

12. 海洋运输一般分为租船运输和(　　)。

A. 定期运输　　　　　　　　　　　B. 专线运输

C. 内河运输　　　　　　　　　　　D. 班轮运输

13. 海运提单按运输方式分,有(　　)。

A. 已装船提单和备运提单　　　　　B. 记名提单和指示提单

C. 清洁提单和不清洁提单　　　　　D. 直达提单、转船提单和联运提单

14. 海运提单之所以能够向银行办理抵押贷款,是因为(　　)。

A. 海运提单是承运人签发的货物收据　　B. 海运提单可以转让

C. 海运提单是运输契约的证明　　　　　D. 海运提单具有物权凭证的性质

15. 签发多式联运提单的承运人的责任是(　　)。

A. 只对第一程运输负责　　　　　　B. 必须对全程运输负责

C. 对运输不负责　　　　　　　　　D. 只对最后一程运输负责

16. 提单上批注有"被雨淋湿""三箱破损"等文字,称为(　　)。

A. 清洁提单　　　　　　　　　　　B. 不清洁提单

C. 记名提单　　　　　　　　　　　D. 指示提单

17. 用班轮运输货物,在规定动费计收标准时,如果采用"A.V"的规定办法,则表示
(　　)。

A. 按货物的毛重计收　　　　　　　B. 按货物的体积计收

C. 按货物的件数计收　　　　　　　D. 按货物的价值计收

18. 在国际贸易中,海运提单的签发日期是表示(　　)。

A. 货物开始装船的日期　　　　　　B. 装载船只到达装运港口的日期

C. 货物已经装船完毕的日期　　　　D. 装载船只到达目的港口的日期

19. 下列公约中不是统一提单条款内容的国际公约有(　　)。

A.《汉堡规则》　　　　　　　　　　B.《维斯比规则》

C.《海牙规则》　　　　　　　　　　D.《1958 纽约公约》

四、多项选择题

1. 海洋运输的优点是( )。
   A. 通过能力大　　　　　　　　B. 载运量大
   C. 运输成本低　　　　　　　　D. 风险大　　　　　　E. 速度快

2. 在定程租船方式下,对装卸费的收取办法有( )。
   A. 船方不负担装卸费
   B. 船方负担装卸费
   C. 船方只负担装货费,而不负担卸货费
   D. 船方只负担卸货费,而不负担装货费
   E. 船方只负担租期内一定时期的装卸费

3. 铁路运输的优点是( )。
   A. 运行速度较快　　　　　　　B. 载运量较大
   C. 运输途中风险较小　　　　　D. 一般能保持终年正常运行
   E. 具有高度的连续性

4. 航空运输的优点在于( )。
   A. 运输速度快　　　　　　　　B. 不受地面条件限制
   C. 货物中途破损率小　　　　　D. 运量较大　　　　　E. 运费一般不高

5. 在国际贸易中,开展以集装箱运输的国际多式联运,有利于( )。
   A. 简化手续　　　　　　　　　B. 加快货运速度
   C. 提高货运质量　　　　　　　D. 节省运杂费用　　　E. 方便运输费用计算

6. 装运时间的规定办法通常有( )。
   A. 明确规定具体装运期限
   B. 规定在收到信用证后若干天
   C. 规定在某一天装运完毕
   D. 规定在某一天内若干小时装运
   E. 笼统规定近期装运

7. 为了统一提单背面条款的内容,国际上先后签署的国际公约有( )。
   A.《海牙规则》　　　　　　　　B.《维斯比规则》
   C.《汉堡规则》　　　　　　　　D.《国际商会 600 号出版物》
   E. 国际货约

8. 按照提单收货人抬头分类,提单有( )。
   A. 清洁提单　　　　　　　　　B. 不清洁提单
   C. 记名提单　　　　　　　　　D. 不记名提单　　　　E. 指示提单

9. 按运输方式分,提单有( )。
   A. 直运提单　　　　　　　　　B. 转船提单
   C. 联运提单　　　　　　　　　D. 舱面提单　　　　　E. 集装箱提单

10. 按提单有无不良批注,可分为(　　)。

A. 清洁提单　　　　　　　　　B. 不清洁提单

C. 记名提单　　　　　　　　　D. 不记名提单　　　　　E. 指示提单

11. 按 UCP600 规定,除非另有约定,卖方不得提交(　　)和(　　)。

A. 备运提单　　　　　　　　　B. 已装船提单

C. 清洁提单　　　　　　　　　D. 不清洁提单　　　　　E. 指示提单

12. 班轮运输的特点是(　　)。

A. 行使航线及停靠港口固定　　B. 开航及到港时间较固定

C. 运费率相对固定　　　　　　D. 装卸费由承运人负担

E. 承运货物较灵活,尤其适用于少量货物及杂货运输

五、判断题

1. 海洋运输是国际贸易中最主要的运输方式。　　　　　　　　　　　　(　　)

2. 对于不宜经受长期运输的货物、急需的货物和易受气候条件影响的货物,可采用海洋运输。　　　　　　　　　　　　　　　　　　　　　　　　　　　　　　　(　　)

3. 班轮运费中包括装卸货费用,船货双方不计滞期费和速遣费。　　　　(　　)

4. 同一包装、同一票货物和同一提单内出现混装情况时,班轮公司的收费原则是就低不就高。　　　　　　　　　　　　　　　　　　　　　　　　　　　　　　　(　　)

5. 采用定期租船时,在租赁期间,船舶的营运调度及船员的薪金和饮食费用由租船人负担。　　　　　　　　　　　　　　　　　　　　　　　　　　　　　　　　(　　)

6. 采用期租船时,租期内船舶营运过程中产生的燃料费、港口费等费用由船方负担。　　　　　　　　　　　　　　　　　　　　　　　　　　　　　　　　　　(　　)

7. 我国内地经由铁路运往港澳地区货物,是按特定运输方式进行,既不同于一般国内运输,也不同于国际铁路运输。　　　　　　　　　　　　　　　　　　　　　(　　)

8. 我国内地由铁路运输供应港澳地区货物,其对外结汇凭证为国内铁路运单。(　　)

9. 航空运费通常按重量或体积计算,以其中收费较高者为准。　　　　　(　　)

10. 装运期就是交货期。　　　　　　　　　　　　　　　　　　　　　　(　　)

11. 国际商会修订的《跟单信用证统一惯例》规定,可以使用"迅速"装运、"立即"装运等类似词语,银行对此应给予结汇。　　　　　　　　　　　　　　　　　　(　　)

12. 买卖双方成交的大宗货物,一般采用程租船运输。　　　　　　　　　(　　)

13. 在国际贸易中,不管采用何种运输方式,都应在合同中订明装卸率和滞期费、速遣费条款。　　　　　　　　　　　　　　　　　　　　　　　　　　　　　　(　　)

14. 在规定买卖合同的滞期、速遣条款时,其内容要与将要订的租船合同的相应条款一致。　　　　　　　　　　　　　　　　　　　　　　　　　　　　　　　　(　　)

15. 一般来说,允许分批装运和转船对卖方来说较主动。　　　　　　　　(　　)

16. 分批装运指同一条船上在不同地点装运同一货物。　　　　　　　　　(　　)

17.《跟单信用证统一惯例》规定,除非信用证另有规定,允许分批和转船。(　　)

18.《跟单信用证统一惯例》规定,在分批装运中任何一批未按规定装运,则本批及以

后各批均告失效。 （　　）

19. 采用 OCP 运输条款时,货物必须经由美国两个西海岸港口中转。 （　　）

20. 按一般惯例,速遣费为滞期费的一半。 （　　）

21. 清洁提单是指不载有任何批注的提单。 （　　）

22. 记名提单比不记名提单风险大,故很少使用。 （　　）

23. 指示提单可以通过背书转让。 （　　）

24. 联运提单虽已包括全程运费,但有关货物中途转换运输工具和交接工作,托运人尚需负责。 （　　）

25. 多式联运单据依发货人选择可能转让,转让后,签发这种单据的多式联运经营人即不对下一程运输负责。 （　　）

26. 航空运单可作为货物所有权凭证进行转让和抵押。 （　　）

27. 班轮运输由货方负责配载装卸,装卸费不包括在运费中,货方需另行支付。 （　　）

28. 我国对外贸易由国际铁路联运的出口货物,送交银行办理结汇的单据是国际联运提单副本。 （　　）

29. 干净、整洁的提单即为清洁提单。 （　　）

30. 不记名提单可以通过背书转让。 （　　）

31. 航空运单代表货物所有权,可以通过背书转让。 （　　）

32. 指示提单代表货物所有权,可以通过背书转让。 （　　）

33. 不同商品收取运费的高低本来不同,但因货主将不同商品混装在同一包装,则班轮公司对混装在同一包装内的全部运费,通常按其中收费较高者计收运费。 （　　）

34. 同一票货物如包装不同,其计费标准和等级也不相同,若托运人未按不同包装分别列明毛重和体积,则全票货物均按收费较高者计收运费。 （　　）

35. 采用定期租船时,在租货期限内,租船人可随意在任何航区内和任何航线上使用和调度船舶。 （　　）

36. 由于装运期和交货期是两个不同的概念,故在装运港交货条件下,最好使用装运期为宜。 （　　）

37. 当信用证对是否允许转运问题没有做出规定时,根据《跟单信用证统一惯例》,卖方可以中途转运。 （　　）

38. 由于在不同时间、不同港口将货物装在同一航次同一条船上,故应算作分批装运。 （　　）

39. 按 CFR 条件成交时,如卖方装船后未向买方发出装船通知,则运输途中的风险损失应由卖方承担。 （　　）

40. 采用联运提单时,由于承运人收取了全程运费,故有关货物中途转运和交接工作,均不需要托运人办理。 （　　）

六、简答题

1. 班轮运输的特点是什么?

2. 班轮运费包括哪些?

3. 班轮运费的计收标准有哪些？

4. 同一包装、同一票货物和同一提单内出现混装情况,班轮公司如何计收运费？

5. 租船运输主要包括哪些方式？

6. 在定程租船方式下,对装卸费的收取方法有哪几种规定？

7. 采用定期租船时,船、租双方各有什么权利和义务？

8. 我国内地经由铁路供应港澳地区货物是怎样办理的？

9. 何谓国际铁路货物联运？ 开展国际铁路联运有何意义？

10. 在选择进出口货物的运输方式时,应考虑哪些因素？

11. 什么是装运期？ 合同中规定装运期有何意义？

12. 买卖合同中的装运期有哪些规定办法？

13. 买卖合同中规定装运时间应注意哪些问题？

14. 在合同中规定装运期时,规定在收到信用证后若干天装运,这种办法适用于什么情况？ 其有何利弊？

15. 买卖合同中的装运港和目的港有哪些规定办法？ 规定装运港和目的港应注意哪些问题？

16. 买卖合同中的装卸时间一般怎样规定？

17. 通过海运进出口大宗商品时,买卖双方为什么要约定滞期、速遣条款？

18. 什么叫分批装运？《跟单信用证统一惯例》对此有何规定？

19. 什么叫转运？ 为什么在买卖合同中会出现有关转运的条款？《跟单信用证统一惯例》对此有何规定？

20. 为什么在买卖合同中要规定装运通知条款？

21. 提单的性质和作用是什么？

22. 什么叫已装船提单？ 为什么买卖合同中卖方必须提交已装船提单？

23. 什么叫备运提单？ 为什么买方一般不愿接受这种提单？

24. 什么叫清洁提单？ 什么叫不清洁提单？ 为什么买方要求卖方提供清洁提单？

25. 什么叫记名提单？ 什么叫不记名提单？ 这两种提单的使用情况如何？

26. 什么叫指示提单？ 它在国际贸易中的使用情况如何？

27. 什么叫过期提单？

28. 多式联运单据与联运提单有何主要区别？

29. 定程租船与定期租船有何区别？

30. 集装箱运输有什么优点？

31. 什么是清洁提单和不清洁提单？ 它们对结汇有什么影响？

32. 在 FOB 条件下,卖方向买方发出装运通知的目的是什么？

33. 装卸时间的规定方法有哪几种？

34. 海运单与海运提单有何区别？

35. 电子提单比传统的书面运输单据有哪些优越性？

36. 提单按收货人抬头分哪几类？ 各类提单在进出口业务中如何使用？

七、案例分析题

1. 我国对英国出口 1000 公吨大豆，国外开来信用证规定：不允许分批装运。结果我方在规定的期限内分别在上海、宁波各装 500 公吨于同一航次的同一船上，提单也注明了不同的装运地和不同的装船日期。

问：这是否违约？银行能否议付？

2. 我国向科威特出口茶叶 600 箱，合同和信用证均规定"从 4 月份开始，连续每月 200 箱"。

问：我方于 4 月份装 200 箱，5 月份没装，6 月份装 200 箱，7 月份装 200 箱，可否？

3. 甲方按 FOB 条件向乙方购买一批大宗商品，双方约定的装运期限为 2017 年 5 月，后因买方租船困难，接运货物的船舶不能按时到港接运货物，出现较长时间货等船的情况，卖方便以此为由撤销合同，并要求赔偿损失。

问：你认为卖方的做法是否合理？

八、计算题

1. 我某进出口公司向法国推销装箱货，原报价每箱 50 美元 FOB 上海，现客户要求改报 CRFC3％马赛，问：在不减少收汇的条件下，应报多少？（该商品每箱毛重 40 千克，体积 0.005 立方米，在运费表中的计算标准为 W/M，每运费吨基本运费率为 200 美元，另加收燃油附加费 10％。）

2. 我国出口一批货物,价格为每箱 35 美元,CFR 曼彻斯特,英方要求发报 FOB 价。已知货物体积为 45000 立方厘米(规格 45 厘米×40 厘米×25 厘米),毛重为每箱 35 千克,每运费吨基本运费率为 120 美元(W/M),附加费有燃料费 20%,港口拥挤费 10%,求改报价。

3. 某商品纸箱装,每箱毛重 45 千克,每箱体积 0.05 立方米,原报价每箱 38 美元 FOB 上海,现客户要求改报 CFRC2%伦敦,问:在不减少外汇收入的条件下,我方应报价多少?(该商品运费计收标准为 W/M,每运费吨基本运费为 200 美元。)

4. 某公司出口一批货物 50 箱,每箱体积为 39831.5 立方厘米(规格 41 厘米×33.5 厘米×29 厘米),毛重 44.5 千克。查"货物分级表"是 10 级,按 W/M 计算运费,"中国—海湾地区等级费率表"每运费吨基本运费为 HKD222,该航线的燃油附加费按基本运费的 21%计算,另外港口拥挤附加费 20%。该公司应付总运费多少?

5. 某公司出口一批货,共 2640 件,总重量为 37.8 吨,总体积为 124.486 立方米,由船公司装了一个 20 英尺和两个 40 英尺集装箱,从上海装船,在香港转船运至荷兰鹿特丹港。运费计算标准:M,等级为 1－8 级,从上海至鹿特丹港口的直达费率和经香港转船的费率分别为 US＄1850/20',US＄3515/20'和 US＄2050/20',US＄3915/40',装箱费率是 US＄120/20'和 US＄240/40'。(1)试计算该批货的总运费。(2)该批货原报价为每件 24.00 美元 FOB 上海,试求 CFR 鹿特丹价格。

第六章 国际货物运输保险

一、名词解释(先译成中文,再解释含义)

1. international cargo transportation insurance
2. natural calamity
3. fortuitous accidents
4. extraneous risks
5. total loss
6. actual total loss
7. constructive total loss
8. general average
9. particular average
10. sue and labor expenses
11. salvage charges
12. insurance certificate
13. general external risks
14. special external risks
15. general additional risk
16. special additional risk
17. insurance document
18. insurance policy
19. warehouse to warehouse clause (W/W clause)
20. insurable interest

二、填空题

1. "CIC"海运货物保险条款的三种基本险别是:(1)_____、(2)_____和(3)_____,分别相当于"ICC"的(4)_____、(5)_____和(6)_____。
2. 海洋运输货物保险的风险可以分为:(1)_____和(2)_____两类。
3. 部分损失按性质不同可分为:(1)_____和(2)_____。
4. 构成共同海损的条件有三:(1)_____;(2)_____;(3)_____。
5. 凡属于共同海损范围内的牺牲和费用,由有关利益方即(1)_____、(2)_____

和(3)_____按比例分摊。

6. 投保人投保一切险后,根据需要还可加保_____险。

7. 海洋货物运输保险中基本险的责任起讫按_____办理。

8. 预约保险单是_____。

9. 单独海损与共同海损的主要不同在于_____。

10. 根据惯例,共同海损的牺牲和费用,应由受益方,即(1)_____、(2)_____和(3)_____三方按最后获救的价值多寡,按(4)_____进行分摊。这种分摊称之为共同海损分摊。

共同海损理算根据理算规则进行,一般采用《1974年约克·安特卫普规则》;保险理赔则是根据(5)_____保险单条款的规定来计算的。

11. 免赔率按赔偿办法分为:(1)_____和(2)_____。

12. 保险单的作用有:(1)_____;(2)_____;(3)_____。

13. ICC(C)只对(1)_____赔偿,而对(2)_____引起的损失不予赔偿。

14. ICC(A)规定保险责任的方法为:_____。

15. 投保卖方利益险,在使用价格术语为:(1)_____情况,支付方式为(2)_____、(3)_____时,可适用。

16. 按CIC保险条款的规定,按损失的程度可分为:(1)_____;(2)_____。

17. ICC(B)规定承保的责任范围的方法为:_____。

18. ICC(B)规定除外责任的范围与(1)_____相同,但对(2)_____不赔。

19. ICC(A)对(1)_____和(2)_____负赔偿责任,这是它比CIC一切险扩大的范围,也是一种新发展。

三、单项选择题

1. 在保险人所承保的海上风险中,恶劣气候、地震属于( )。
   A. 自然灾害   B. 意外事故
   C. 一般外来风险   D. 特殊外来风险

2. 在保险人所承保的海上风险中,搁浅、触礁属于( )。
   A. 自然灾害   B. 意外事故
   C. 一般外来风险   D. 特殊外来风险

3. 在海运过程中,被保险物茶叶全部经水浸已不能饮用,这种海上损失属于( )。
   A. 实际全损   B. 推定全损
   C. 共同海损   D. 单独海损

4. 船舶搁浅时,为使船舶脱险而雇用拖驳强行脱浅所支出的费用,属于( )。
   A. 实际全损   B. 推定全损
   C. 共同海损   D. 单独海损

5. 某外贸公司出口茶叶5公吨,在海运途中遭受暴风雨,海水涌入舱内,致使一部分茶叶发霉变质,这种损失属于( )。
   A. 实际全损   B. 推定全损

C. 共同海损　　　　　　　　　　D. 单独海损

6. 战争、罢工风险属于(　　　)。

A. 自然灾害　　　　　　　　　　B. 意外事故

C. 一般外来风险　　　　　　　　D. 特殊外来风险

7. 在国际货物保险中,不能单独投保的险别是(　　　)。

A. 平安险　　　B. 水渍险　　　C. 战争险　　　D. 一切险

8. 我国《海洋货物运输保险条款》规定,承保范围最小的基本险别是(　　　)。

A. 平安险　　　B. 水渍险　　　C. 一切险　　　D. 罢工险

9. 为了防止运输中货物被盗,应该投保(　　　)。

A. 一切险、偷窃提货不着险　　　B. 水渍险

C. 平安险、偷窃提货不着险　　　D. 一切险、平安险、偷窃提货不着险

10. 现行伦敦保险协会《海运货物保险条款》规定,采用"一切风险减除外责任"的办法表示的险别是(　　　)。

A. ICC(A)　　　B. ICC(B)　　　C. ICC(C)　　　D. ICC(D)

11. 根据现行伦敦保险协会条款,承包风险最小的险别是(　　　)。

A. ICC(A)　　　B. ICC(B)　　　C. ICC(C)　　　D. ICC(D)

12. 我国海运基本险的责任起讫采用(　　　)。

A. 仓至仓条款　　　　　　　　　B. 港至港条款

C. 门对门条款　　　　　　　　　D. 船至船条款

13. 一切险与水渍险各项保险责任的不同之处在于(　　　)的赔偿。

A. 自然灾害所造成的单独海损　　B. 意外事故所造成的全部或部分损失

C. 一般外来原因所造成的损失　　D. 特殊外来原因所造成的损失

14. "仓至仓"条款是(　　　)。

A. 承运人负责运输起讫的条款　　B. 保险人负责保险责任起讫的条款

C. 出口人负责交货责任起讫的条款　D. 进口人负责付款责任起讫的条款

15. 在海洋货物保险业务中,共同海损(　　　)。

A. 是部分损失的一种　　　　　　B. 是全部损失的一种

C. 有时为部分损失,有时为全部损失　D. 是推定全损

16. 我国《海洋货物运输保险条款》规定,"一切险"包括(　　　)。

A. 平安险加 11 种一般附加险　　B. 一切险加 11 种一般附加险

C. 水渍险加 11 种一般附加险　　D. 11 种一般附加险加特殊附加险

17. 我方以 CIF 条件出口一批货物,根据《2010 年国际贸易术语解释通则》,我方应替国外客户投保(　　　)。

A. 一切险　　　　　　　　　　　B. 水渍险

C. 平安险　　　　　　　　　　　D. 一切险加战争险

18. 投保一切险后,还可以加保(　　　)。

A. 偷窃、提货不着险　　　　　　B. 淡水雨淋险

C. 包装破裂险　　　　　　　　　D. 黄曲霉素险

四、多项选择题

1. 在海上保险业务中,属于自然灾害风险的有(　　　)。
   A. 恶劣天气　　　　　　　　B. 雷电
   C. 海啸　　　　　　　　　　D. 地震　　　　　　　　E. 洪水

2. 在海上保险业务中,属于意外事故的有(　　　)。
   A. 搁浅　　　　　　　　　　B. 触礁
   C. 沉没　　　　　　　　　　D. 碰撞　　　　　　　　E. 失火、爆炸

3. 在海上保险业务中,构成被保险货物"实际全损"的情况有(　　　)。
   A. 保险标的物完全灭失
   B. 保险标的物丧失已无法挽回
   C. 保险标的物发生变质,失去原有使用价值
   D. 船舶失踪达到一定时期
   E. 收回保险标的物所有权花费的费用将超过收回后的标的价值

4. 在海运保险业务中,构成共同海损的条件是(　　　)。
   A. 共同海损的危险必须是实际存在的
   B. 消除船货共同危险而采取的措施是有意合理的
   C. 必须属于非常性质的损失
   D. 费用支出是额外的
   E. 必须是承保风险直接导致的船、货损失

5. 根据我国现行《海洋货物运输保险条款》,能够独立投保的险别有(　　　)。
   A. 平安险　　　　　　　　　B. 水渍险
   C. 一切险　　　　　　　　　D. 战争险　　　　　　　E. 罢工险

6. 根据英国伦敦保险协会制定的《协会货物条款》,ICC(A)险的除外责任包括(　　　)。
   A. 一般除外责任　　　　　　B. 不适航、不适货外责任
   C. 战争除外责任　　　　　　D. 罢工除外责任　　　　E. 自然灾害除外责任

7. 当前,在进出口业务实践中所应用的海上保险单据有(　　　)。
   A. 保险单　　　　　　　　　B. 保险凭证
   C. 联合凭证　　　　　　　　D. 保险通知书　　　　　E. 批单

8. 共同海损与单独海损的区别是(　　　)。
   A. 共同海损属于全部损失,单独海损属于部分损失
   B. 共同海损由保险公司负责赔偿,单独海损由受损方自行承担
   C. 共同海损是为了解除或减轻风险而人为造成的损失,单独海损是承保范围内的风险直接导致的损失
   D. 共同海损由受益各方按受益大小的比例分摊,单独海损由受损方自行承担

9. 我国对外贸易货运保险可分为(　　　)。
   A. 海上运输保险　　　　　　　　B. 陆上运输保险
   C. 航空运输保险　　　　　　　　D. 邮包运输保险

10. 伦敦保险协会《海运货物保险条款》所规定的险别中可单独投保的是( )。

A. ICC(A)险、ICC(B)险、ICC(C)险   B. 协会战争条款

C. 协会罢工条款   D. 恶意损害险条款

11. 我国《海运货物保险条款》(即 CIC 条款)规定,海洋运输货物保险中基本险可分为( )。

A. 平安险   B. 水渍险

C. 一切险   D. 附加险

12. 共同海损分摊时,涉及的受益方包括( )。

A. 货方   B. 船方

C. 运费方   D. 救助方

13. 在我国海洋运输货物保险业务中,下列( )险别均可适用"仓至仓"条款。

A. ALL RISKS   B. W.A.或 W.P.A

C. F.P.A   D. WAR RISK

14. 运输工具在运输途中发生了搁浅、触礁、沉没等意外事故,不论意外发生之前或之后货物在海上遭遇恶劣天气、雷电、海啸等自然灾害造成的被保险货物的部分损失,属于( )的承保范围。

A. 平安险   B. 水渍险

C. 一切险   D. 附加险

五、判断题

1. 货运保险实际上是一种经济补偿,属于财产保险的范畴。   ( )
2. 国际货物运输保险的外汇收入是贸易外汇收入的一部分。   ( )
3. 海上保险业务中的意外事故,仅限于发生在海上的意外事故。   ( )
4. 海上货物运输保险保障的损失是属于海损。   ( )
5. 船舶失踪达到半年以上可作推定全损处理。   ( )
6. 单独海损是仅由各受损者单独负担的一种损失。   ( )
7. 共同海损是承保风险所直接造成的船货损失。   ( )
8. 共同海损的损失由受益各方根据获救利益大小按比例分摊。   ( )
9. 在发生保险变化内事故时,由保险人或被保险人以外的第三者采取救助行为而花费的费用叫施救费用。   ( )
10. 被保险货物由于自然灾害所造成的部分损失,在任何情况下平安险都不保。

    ( )
11. 一切险并不承保一切风险所造成的被保险货物的一切损失。   ( )
12. 一般附加险和特殊附加险可以单独投保。   ( )
13. 战争险的责任起讫和三个基本险的责任起讫相同,都采用"仓至仓"条款。( )
14. 平安险指保险人员为使货物安全到达,对所有运输途中发生的风险损失均给予负责。   ( )
15. 水渍险指保险人仅对货物遭受海水水渍的损失负责。   ( )

16. 构成共同海损的条件之一是：在海难中船舶和货物都必须遭到一定的损失。

（　　）

17. 按 CIF 条件，出口玻璃制品时，因玻璃制品途中容易破损，故应在投保一切险的基础上加保破碎险。

（　　）

18. 平安险与水渍险的重要区别在于：前者保险公司不承保自然灾害造成的部分损失，而后者则承保此项损失。

（　　）

19. 航空运输货物保险期限适用"仓至仓"（W/W）条款，若被保险货物未运抵保险单所载明的仓库或储存处所，则货到最终卸货地卸离飞机后满 30 天为止。

（　　）

20. 战争险的保险期限仅限水上危险或运输工具上的危险，如货物未卸离运输工具，则保险责任最长延至货到目的港当日午夜起算满 15 天为限。

（　　）

21. 凡被保险人或其代理人为防止被保险标的扩大损失而采取抢救行为所支出的一切费用，不论其数量多少，保险人均应给予补偿。

（　　）

六、简答题

1. 货运保险在对外贸易中有何作用？
2. 什么叫自然灾害？其包括哪些风险？
3. 什么叫意外事故？海上风险中意外事故包括哪些？
4. 什么叫一般外来风险？其包括哪些内容？
5. 什么叫特殊外来风险？其包括哪些风险？
6. 什么叫实际全损？构成实际全损有哪几种情况？
7. 什么叫推定全损？构成推定全损有哪几种情况？
8. 什么叫共同海损？什么叫单独海损？二者有何区别？
9. 构成共同海损应具备哪些条件？
10. 海上运输货物保险的费用有哪些？其各自含义是什么？
11. 我国海洋货运保险有哪三种基本险别？（写出中文名称及英文简称）其责任范围有何不同？
12. 海运货物保险的一般附加险有哪些？
13. 根据中国人民保险公司《海洋运输货物保险条款》，平安险的责任范围有哪些？
14. 基本险的除外责任有哪些？
15. 根据现行伦敦保险协会《海运货物保险条款》，ICC（A）的除外责任有哪些？
16. 根据伦敦保险协会《海运货物保险条款》，ICC（B）险的承保风险有哪些？
17. 根据伦敦保险协会《海运货物保险条款》，ICC（C）险的承保风险有哪些？

七、案例分析题

1. 某外贸公司按 CIF 术语出口一批货物，装运前已向保险公司按发票总值 110％ 投保平安险，6 月初货物装妥顺利开航。载货船舶于 6 月 13 日在海上遇到暴风雨，致使一部分货物受到水渍，损失价值 2100 美元。数日后，该轮又突然触礁，致使该批货物又遭到部分损失，价值为 8000 美元。

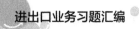

问：保险公司对该批货物的损失是否赔偿？为什么？

2. 某货轮在某港装货后，航行途中不慎发生触礁事故，船舶搁浅，不能继续航行。事后船方反复开倒车强行浮起，但船底划破，致使海水渗入货舱，造成船货部分损失。为使货轮能继续航行，船长发出求救信号，船被拖至就近港口的船坞修理，暂时卸下大部分货物。前后花了 10 天，共支出修理费 5000 美元，增加各项费用支出(包括员工工资)共 3000 美元。当船修复后继续装上原货启航。次日，忽遇恶劣天气，使船上装载的某货主的一部分货物被海水浸湿。

问：(1)从货运保险义务方面分析，以上所述的各项损失，各属于什么性质的损失？(2)在投保平安险的情况下，被保险人有权向保险公司提出哪些赔偿？为什么？

3. 一份 CIF 合同，出售大米 50 公吨，卖方在装船前投保了一切险加战争险，自我国内陆仓库起运，直至英国伦敦的买方仓库为止。货物从卖方仓库运往码头装运途中，发生了承保范围内的货物损失，当卖方凭保险单向保险公司提出索赔时，保险公司以货物未装运，货物损失不在承保范围内为由，拒绝给予赔偿。

问：在上述情况下，卖方有无权利向保险公司索赔？为什么？

4. 某远洋运输公司的"东风号"货轮在 6 月 28 日满载货物起航,出公海后由于风浪过大偏离航线而触礁,船底划出长 2 米的裂缝,海水不断渗入。为了船货的共同安全,船长下令抛掉 A 舱的所有钢材并及时组织人员堵塞裂缝,但无效果。为使船舶能继续航行,船长请来拯救队施救,共支出 5 万美元施救费,船的裂缝补好后继续航行。不久,又遇恶劣天气,入侵海水使 B 舱的底层货物严重受损,放在甲板上的共 2000 箱货物也被风浪卷入海里。

问:以上损失各属什么性质的损失? 投保平安险的情况下,保险公司是否给予赔偿?

5. 我某公司以 CIF 条件出口大米 1000 包,共计 100 公吨。合同规定由卖方投保一切险加战争险,后应买方的要求附加罢工险,保险公司按"仓至仓"条款承保。货抵目的港卸至码头后,恰遇码头工人罢工与警方发生冲突,工人将大米包垒成掩体进行对抗,罢工经历 16 天才结束。当收货人提货时发现这批大米损失达 85%,因而向保险公司索赔。

问:保险公司应否给予赔偿? 为什么?

6. 我某外贸公司与荷兰进口商签订一份皮手套合同,价格条件为 CIF 鹿特丹,向中国人民保险公司投保一切险。生产厂家在生产的最后一道工序将手套的温度降到最低,然后用牛皮纸包好装入双层瓦楞纸箱,再装入 20 尺集装箱。货物到达鹿特丹后,检验结果表明:全部货物湿、霉、玷污、变色,损失价值达 8 万美元。据分析,该批货物的出口地不异常热,进口地鹿特丹不异常冷,运输途中无异常,完全属于正常运输。

问:(1)保险公司对该批损失是否赔偿? 为什么?(2)进口商对受损货物是否支付货款? 为什么?(3)你认为出口商应如何处理此事?

进出口业务习题汇编

八、计算题

1. 一批出口货 CFR 洛杉矶总价为 198000 美元,现客户来电要求按 CIF 洛杉矶价加两成投保海运一切险,我方照办,如保险费率为 1%,我方应向客户补收保险费多少?

2. 一批出口货 CFR 伦敦总价为 250000 美元,现客户要求改 CIF 伦敦价加两成投保海运一切险,我方同意照办,如保险费率为 0.6%,我方应向客户收取保险费多少?

3. 我方出口货物 3000 件,对外报价为 2 美元/件 CFR 纽约。为避免漏保,客户来证要求我方装船前按 CIF 总值加两成代为办理投保手续。查得该货的保险费率为 0.8%,试计算我方对该货投保时的投保金额和应缴纳的保险费是多少?

4. 某货主在货物装船前,按发票金额的 110% 办理了货物投保手续,投保一切险加保战争险。该批货物以 CIF 成交的总价值为 20.75 万美元,一切险和战争险的保险费率合计为 0.6%。问:(1)该货主应交的保险费是多少?(2)若发生了保险公司承保范围内的风险,导致该批货物全部灭失,保险公司的最高赔偿金额是多少?

5. 某公司对外报某商品每吨 10000 美元 CIF 纽约,现外商要求将价格改报为 CFR 纽约。问:我方应从原报价格中减去的保险费是多少?(设该商品加一成投保一切险,保险费率为 1%。)

第七章　国际货款的结算

一、名词解释(先译成中文,再解释含义)

1. Note/Bill

2. bill of exchange

3. promissory note

4. cheque/check

5. to draw

6. presentation

7. acceptance

8. endorsement

9. dishonour

10. prior party

11. subsequent Party

12. discount

13. dishonour protest

14. right of recourse

15. remittance

16. mail transfer

17. telegraphic transfer

18. remittance by banker's demand draft (D/D)

19. collection

20. documents against payment (D/P)

21. documents against acceptance (D/A)

22. trust receipt (T/R)

23. letter of credit (L/C)

24. documentary credit

25. clean credit

26. irrevocable L/C

27. untransferable L/C

28. transferable L/C

29. confirmed L/C

30. sight L/C

31. time L/C / usance L/C

32. usance credit payable at sight

33. revolving L/C

34. reciprocal L/C

35. back-to-back L/C

36. anticipatory L/C

37. sight payment L/C

38. acceptance L/C

39. negotiation L/C

40. stand by L/C

41. banker's letter of guarantee (L/G)

42. trust receipt (T/R)

43. performance guarantee

44. bill purchased

45. international factoring

46. export credit insurance

二、填空题

1. 国际贸易收付货款要明确(1)_____、(2)_____、(3)_____和(4)_____。

2. 外贸支付方式常用的有:(1)_____、(2)_____和(3)_____。其中(4)_____是顺汇法,(5)_____和(6)_____是逆汇法。(7)_____和(8)_____是商业信用,(9)_____是银行信用。

3. 国际贸易结算中常用的支付工具有:(1)_____和(2)_____,而以(3)_____中的(4)_____使用最多。

4. 汇票的三个当事人是:(1)_____、(2)_____和(3)_____。

5. 银行汇票和银行承兑汇票的区别是:前者是(1)_____,后者是(2)_____。

6. 远期汇票规定计算日期的办法有:(1)_____;(2)_____;(3)_____;(4)_____。

7. 汇付方式有(1)_____、(2)_____和(3)_____三种。

8. 跟单托收的交单方式有二种,即(1)_____和(2)_____。涉及的当事人通常有:(3)_____、(4)_____、(5)_____和(6)_____。

9. D/A 和 D/P 的区别是_____不同。

10. 采用 D/P 付款方式,应争取以(1)_____条件成交,若只能以 FOB 或 CFR 条件成交时,应向保险公司投保(2)_____险。

11. 信用证的当事人通常有:(1)_____、(2)_____、(3)_____、(4)_____、(5)_____和(6)_____。

12. 信用证的三个特点是:(1)_____、(2)_____、(3)_____。

13. 在信用证方式下,信用证是由国外(1)_____要求(2)_____开立,然后传递给出口地的(3)_____送至(4)_____备货出运。在出口企业取得货运单据后即向(5)_____交单,经(6)_____审核无误后寄国外(7)_____索汇。

14. 保兑信用证的_____承担第一付款人的责任。

15. 可转让信用证只能转让(1)_____次,转让费应由(2)_____负担。

16. 假远期信用证应具备三个条件：(1)_____;(2)_____;(3)_____。

17. 银行保证书大致有三种：(1)_____、(2)_____和(3)_____。

18. 在信用证项下,汇票的出票人是(1)_____,受票人是(2)_____。

19. 本票的当事人有：(1)_____、(2)_____。

20. 托收的当事人有：(1)_____、(2)_____、(3)_____和(4)_____。

21. 付款交单可分为：(1)_____、(2)_____。

22. 汇票的抬头可分为：(1)_____、(2)_____和(3)_____。

23. 提单的抬头可分为：(1)_____、(2)_____和(3)_____。

24. 汇票在受票人承兑前,(1)_____是主债务人。在受票人承兑后,(2)_____是主债务人,出票人是次债务人。

25. 在托收中,对卖方来说风险最大的是(1)_____,风险较小的是(2)_____。

三、单项选择题

1. 在我国实际出口业务中,出口公司开出的汇票在信用证结算方式下出票原因栏应填写( )。
   A. 合同号码及签订日期　　　　B. 发票号码及签发日期
   C. 提单号码及签发日期　　　　D. 信用证号码及出证日期

2. 某银行签发一张汇票,以另一家银行为受票人,则这张汇票是( )。
   A. 商业汇票　　　　B. 银行汇票
   C. 商业承兑汇票　　　　D. 银行承兑汇票

3. 某公司签发一张汇票,上面注明"At 90 days after sight",则这是一张( )。
   A. 即期汇票　　　　B. 远期汇票
   C. 光票　　　　D. 跟单汇票

4. 在信用证结算方式下,汇票的受款人通常的抬头方式是( )。
   A. 限制性抬头　　　　B. 指示式抬头
   C. 持票人抬头　　　　D. 来人抬头

5. 在汇票的使用过程中,使汇票一切债权债务终止的环节是( )。
   A. 提示　　　　B. 承兑
   C. 背书　　　　D. 付款

6. 如果出票人想避免承担被追索的责任,也可以在汇票上加注( )。
   A. 付一不付二　　　　B. 见索即偿
   C. 不受追索　　　　D. 单到付款

7. 某支票签发人在银行的存款总额低于他所签发的支票票面金额,他签发的这种支票称(　　　)。

　　A. 现金支票　　　　　　　　　　B. 转收支票

　　C. 旅行支票　　　　　　　　　　D. 空头支票

8. 属于顺汇方法的支付方式是(　　　)。

　　A. 汇付　　　　　B. 托收　　　　　C. 信用证　　　　D. 银行保函

9. 接受汇出行的委托将款项解付给收款人的银行是(　　　)。

　　A. 托收银行　　　B. 汇人行　　　　C. 代收行　　　　D. 转递行

10. 在汇付方式中,能为收款人提供融资便利的方式是(　　　)。

　　A. 信汇　　　　　B. 票汇　　　　　C. 电汇　　　　　D. 远期汇款

11. 在托收结算方式下,一旦货款被买方拒付,在进口地承担货物的提货、报关、存仓、转售等责任的当事人是(　　　)。

　　A. 委托人　　　　B. 托收银行　　　C. 代收银行　　　D. 付款人

12. 信用证支付方式实际上把进口人履行的付款责任,转移给(　　　)。

　　A. 出口人　　　　B. 银行　　　　　C. 供货商　　　　D. 最终用户

13. 在信用证方式下,银行保证向信用证受益人履行付款责任的条件是(　　　)。

　　A. 受益人按期履行合同

　　B. 受益人按信用证规定交货

　　C. 受益人提交严格符合信用证要求的单据

　　D. 开证申请人付款赎单

14. 保兑行对保兑信用证承担的付款责任是(　　　)。

　　A. 第一性的　　　　　　　　　　B. 第二性的

　　C. 第三性的　　　　　　　　　　D. 第四性的

15. 受益人开立远期汇票但可通过贴现即期足额收款的信用证是(　　　)。

　　A. 即期信用证　　　　　　　　　B. 远期信用证

　　C. 假远期信用证　　　　　　　　D. 预支信用证

16. 可转让信用证可以转让(　　　)。

　　A. 一次　　　　　B. 二次　　　　　C. 多次　　　　　D. 无数次

17. 某信用证每期用完一定金额后即可自动恢复到原金额使用,无须等待开证行的通知,这份信用证是(　　　)。

　　A. 自动循环信用证　　　　　　　B. 非自动循环信用证

　　C. 半自动循环信用证　　　　　　D. 按时间循环信用证

18. 国际贸易中,用以统一解释、调和信用证各有关当事人矛盾的国际惯例是(　　　)。

　　A.《托收统一规则》　　　　　　　B.《国际商会 500 号出版物》

　　C.《合约保证书统一规则》　　　　D. 以上答案均不对

19. 一张有效的信用证,必须规定一个(　　　)。

　　A. 装运期　　　　　　　　　　　B. 有效期

　　C. 交单期　　　　　　　　　　　D. 议付期

20.《跟单信用证统一惯例》规定,受益人最后向银行交单议付的期限是不迟于提单签发日(   )。

    A. 11 天   B. 15 天   C. 21 天   D. 25 天

21. 计算汇票付款具体时间时,必须包括(   )。

    A. 见票日   B. 出票日   C. 提单日   D. 付款日

22. 属于汇票必要项目的是(   )。

    A. "付一不付二"的注明   B. 付款时间

    C. 对价条款   D. 禁止转让的文字

23. 背书人在汇票背面只有签名,不写被背书人,这是(   )。

    A. 限定性背书   B. 特别背书

    C. 记名背书   D. 空白背书

24. 承兑人对出票人的指示不加限制地同意确认,这是(   )。

    A. 一般承兑   B. 特别承兑   C. 普通承兑   D. 限制承兑

25. 持票人将汇票提交付款人的行为是(   )。

    A. 提示   B. 承兑   C. 背书   D. 退票

26. 属于汇付活动当事人的是(   )。

    A. 委托人   B. 汇出行   C. 解付行   D. 索偿付

27. T/T 是指(   )。

    A. 提单   B. 电汇   C. 信用证   D. 银行保函

28. 通过汇出行开立的银行汇票的转移实现货款支付的汇付方式是(   )。

    A. 电汇   B. 信汇   C. 票汇   D. 银行转账

29. D/P·T/R 意指(   )。

    A. 付款交单   B. 承兑交单

    C. 付款交单凭信托收据借单   D. 承兑交单凭信托收据借单

30. 承兑交单方式下开立的汇票是(   )。

    A. 即期汇票   B. 远期汇票

    C. 银行汇票   D. 银行承兑汇票

31. 属于银行信用的国际贸易支付方式是(   )。

    A. 汇付   B. 托收   C. 信用证   D. 票汇

32. 在信用证支付方式下,将信用证通知受益人的是(   )。

    A. 开证银行   B. 通知银行

    C. 转递银行   D. 议付银行

33. 一份信用证若经另一银行保证对符合信用证要求的单据履行付款义务,这份信用证就成为(   )。

    A. 不可撤销信用证   B. 不可转让信用证

    C. 保兑信用证   D. 议付信用证

34. 假远期信用证的远期汇票利息由(   )。

    A. 受益人负担   B. 议付行负担

    C. 付款行负担   D. 开证人负担

35. 在来料加工和补偿贸易中常使用（　　）。

    A. 循环信用证　　　　　　　　　B. 对开信用证

    C. 对背信用证　　　　　　　　　D. 预支信用证

36. 由开证银行保证在开证申请人未履行其义务时向受益人偿付的信用证是（　　）。

    A. 对开信用证　　　　　　　　　B. 对背信用证

    C. 预支信用证　　　　　　　　　D. 备用信用证

37. L/G 称作（　　）。

    A. 信用证　　　　　　　　　　　B. 保证书

    C. 提单　　　　　　　　　　　　D. 票汇

38. 银行保证书属于（　　）。

    A. 商业信用　　　　　　　　　　B. 国家信用

    C. 银行信用　　　　　　　　　　D. 信贷保险

39. 信用证议付行收到出口企业的出口单据后,经审查无误,将单据交寄国外付款行索取货款的结汇方法叫作（　　）。

    A. 收妥结汇　　　　　　　　　　B. 定期结汇

    C. 付款交单　　　　　　　　　　D. 押汇

40. 国际货物买卖使用托收方式,委托并通过银行收取货款,使用的汇票是（　　）。

    A. 商业汇票,属于商业信用　　　　B. 银行汇票,属于银行信用

    C. 商业汇票,属于银行信用　　　　D. 银行汇票,属于商业信用

41. 根据《跟单信用证统一惯例》(UCP600),除非信用证另有规定,商业发票的签发人必须是（　　）。

    A. 开证申请人　　　　　　　　　B. 受益人

    C. 开证行　　　　　　　　　　　D. 合同的卖方

42. 汇票根据（　　）不同,分为银行汇票和商业汇票。

    A. 出票人　　　　　　　　　　　B. 付款人

    C. 受款人　　　　　　　　　　　D. 承兑

43. 在下列信用证当事人中,（　　）是汇票的出票人,（　　）是汇票的受票人。

    A. 开证申请人　　　　　B. 通知行

    C. 议付行　　　　　　　D. 付款行　　　　　　　E. 受益人

44. 信用证和货物合同的关系是（　　）。

    A. 信用证是货物合同的一部分　　　B. 货物合同是信用证的一部分

    C. 信用证从属于货物合同　　　　　D. 信用证独立于货物合同

45. 信用证的基础是国际货物销售合同,而且又是开证行对出口人的有条件的付款承诺,所以,当信用证条款与销售合同规定不一致时,受益人可以要求（　　）。

    A. 开证行修改　　　　　　　　　B. 开证申请人修改

    C. 通知行修改　　　　　　　　　D. 议付行修改

46. 在以下支付方式中,最有利于出口方的是（　　）。

    A. 信用证　　　　　　　　　　　B. 预付货款

C. D/P 即期 D. D/A 30 天

47. 在实际业务中,由何当事人承担审证任务( )。

A. 银行 B. 银行和出口公司

C. 出口公司 D. 进口公司

48. 出口商要保证信用证下安全收汇,必须做到( )。

A. 提交单据与合同相符且单单相符

B. 提交单据与信用证相符且单单相符

C. 当信用证与合同不符时,提交单据以合同为准

D. 提交单据与合同、信用证均相符

49. 承兑是( )对远期汇票表示承担到期付款责任的行为。

A. 付款人 B. 收款人

C. 出口人 D. 议付银行

50. 根据 UCP600 的解释,信用证的第一付款人是( )。

A. 进口人 B. 开证行

C. 议付行 D. 通知行

51. 一张每期用完一定金额后,须等开证行通知到达,才能恢复到原定金额继续使用的信用证是( )。

A. 非自动循环信用证 B. 半自动循环信用证

C. 自动循环信用证 D. 有时自动,有时非自动

52. 银行审单议付的依据是( )。

A. 合同和信用证 B. 合同和单据

C. 单据和信用证 D. 信用证和委托书

53. 对背信用证适用于下列哪种贸易方式( )。

A. 易货贸易 B. 转口贸易

C. 加工贸易 D. 补偿贸易

四、多项选择题

1. 国际货款收付在采用非现金结算时的支付工具是( )。

A. 货币 B. 票据

C. 汇票 D. 本票 E. 支票

2. 一般由中间商为中介达成的交易,在结算时使用( )。

A. 可转让信用证 B. 对开信用证

C. 预支信用证 D. 对背信用证 E. 备用信用证

3. 远期汇票的付款期限的规定方法有( )。

A. 见票即付 B. 见票后若干天付

C. 出票后若干天付 D. 提单日后若干天付 E. 指定日期付款

4. 进口商必须在付清货款后才能取得货运单据,这种结算方式是( )。

A. 光票托收

B. 即期付款交单

C. 远期付款交单

D. 付款交单凭信托收据借单

E. 承兑交单

5. 汇票抬头的写法有三种,具体有(　　)。

A. 限制性抬头　　　　　　B. 指示性抬头

C. 记名抬头　　　　　　　D. 持票人或来人抬头　　E. 空白抬头

6. 远期汇票在使用时,必须经过的程序包括(　　)。

A. 出票　　　　　　　　　B. 背书

C. 提示　　　　　　　　　D. 承兑　　　　　　　　E. 付款

7. 一张汇票,可以是一张(　　)。

A. 即期汇票　　　　　　　B. 跟单汇票

C. 商业汇票　　　　　　　D. 银行承兑汇票　　　　E. 支付承诺

8. 本票与汇票的区别在于(　　)。

A. 前者是无条件支付承诺,后者是无条件的支付命令

B. 前者的票面当事人为两个,后者则有三个

C. 前者在使用过程中无须承兑,后者则有承兑环节

D. 前者的主债务人不会变化,后者的主债务人因承兑而发生变化

E. 前者只能一式一份,后者可以开出一套

9. 汇付方式通常涉及的当事人有(　　)。

A. 委托人　　　　　　　　B. 汇款人

C. 收款人　　　　　　　　D. 汇出行　　　　　　　E. 汇入行

10. 汇付包括(　　)。

A. D/D　　　　　　　　　B. D/P

C. M/T　　　　　　　　　D. D/A　　　　　　　　E. T/T

11. 属于商业信用的国际贸易结算方式有(　　)。

A. 信用证　　　　　　　　B. 托收

C. 汇付　　　　　　　　　D. 汇款　　　　　　　　E. 保函

12. 托收按交付货运单据条件的不同,可分为(　　)。

A. 付款交单　　　　　B. 承兑交单　　　　　　C. 光票托收

D. 跟单托收　　　　　E. 付款交单凭信托收据借单

13. 采用托收方式时应注意(　　)。

A. 考查进口人的资信和经营作用

B. 了解进口国家的贸易管制和外汇管理条件

C. 了解进口国的商业惯例

D. 出口合同争取采用CIF条件成交,否则应投保卖方利益险

E. 健全管理制度,及时催收清理

14. 在信用证支付方式下,若使开证行履行付款义务,受益人需( )。

A. 履行了合同的规定

B. 履行了信用证的规定

C. 按合同规定履行信用证的内容

D. 按信用证的规定履行其合同义务

E. 提交符合信用证规定的单据

15. 信用证项下的汇票付款人可以是( )。

A. 开证行   B. 开证申请人

C. 指定付款行   D. 指定承兑行   E. 保兑行

16. 在分批交货的大宗商品交易中,为节省开证费用宜使用( )。

A. 对开信用证   B. 循环信用证

C. 时间循环信用证   D. 金额循环信用证   E. 预支信用证

17. 可转让信用证被转让时,( )可以变动。

A. 信用证金额   B. 商品单价

C. 商品的品质规格   D. 交单日   E. 最迟装运日

18. 按其担保的职责和标的来分,保函通常可分为( )。

A. 投标保证书   B. 见索即付保函

C. 履约保证书   D. 有条件保函   E. 还款保证书

19. 信用证支付方式的特点有( )。

A. 信用证是银行信用   B. 信用证是一项自足文件

C. 信用证方式是纯单据业务   D. 开证银行负首要付款责任

E. 受益人必须履行信用证的规定

五、判断题

1. 循环信用证可省去开证申请人多次开证的麻烦和费用支出,因此适用分批的均匀交货的合同。   ( )

2. 对背信用证的修改无需原证开证人的同意。   ( )

3. 汇票是出票人签发的无条件支付命令。   ( )

4. 倘若一张汇票的要项不齐全,受票人有权拒付该汇票。   ( )

5. 一张汇票往往叫以同时具备几种性质,因此,一张商业汇票同时又可以是银行即期汇票。   ( )

6. 一张远期汇票一经承兑,该汇票的主债务人就由出票人转移为承兑人。 ( )

7. 所有的汇票在使用过程中均需经过出票、提示、承兑、付款几个环节。 ( )

8. 本票是出票人签发的无条件支付承诺。   ( )

9. 国际贸易结算中使用的本票,大多是商业本票。   ( )

10. 由于支票是以银行为付款人的即期汇票,因此,支票也就等同于汇票。 ( )

11. 支票出票人在签发支票后,对支票承担的法律责任是指对收款人担保支票的付款。   ( )

12. 汇票和票汇是同一事物的不同称呼。　　　　　　　　　　　　　　（　　）

13. 汇付方式是一种对买卖双方均有较大风险的支付方式。　　　　　　（　　）

14. 托收是一种收款人主动向付款人收取货款的方式。　　　　　　　　（　　）

15. 在托收业务中,银行的一切行为是按照托收委托书来进行的。　　　（　　）

16. 在付款交单凭信托收据借单的方式下,代收行在买方到期不付款时承担向委托人按期支付货款的责任。　　　　　　　　　　　　　　　　　　　　　（　　）

17. 相比较而言,托收方式对买方更为有利。　　　　　　　　　　　　（　　）

18. 在远期付款交单情况下,买方若想抓住行情,不失时机转售货物,只能在汇票到期前提前付款赎单,别无他法。　　　　　　　　　　　　　　　　　（　　）

19. 托收因是借助银行才能实现货款的收付,所以,托收是属于银行信用。　（　　）

20.《托收统一规则》规定,委托人为防止货到目的地后因买方拒付货款而致货物无人领取、保管,可以直接将货物发给进口地的代收行。　　　　　　　　（　　）

21.《托收统一规则》规定,在托收业务中,银行有责任检查所收到的单据是否与委托书所列一致,审核单据。　　　　　　　　　　　　　　　　　　　（　　）

22. 倘若委托人提交给银行的托收委托书与《托收统一规则》相背,托收行和代收行应按《托收统一规则》的规定来处理。　　　　　　　　　　　　　　　（　　）

23. 信用证结算方式只对卖方有利。　　　　　　　　　　　　　　　　（　　）

24. 开证银行在得知开证申请人将要破产的消息后,仍需对符合其所开的不可撤销信用证的单据承担付款、承兑的责任。　　　　　　　　　　　　　　　（　　）

25. 买卖合同与信用证的内容有差别时,卖方应按合同来履行义务,这样才能保证按期得到足额货款。　　　　　　　　　　　　　　　　　　　　　　（　　）

26.《跟单信用证惯例 500 号》规定,如果信用证中无表明"不可撤销"或"可撤销",应视为不可撤销信用证。　　　　　　　　　　　　　　　　　　　（　　）

27. 在开证行资信差或成交额较大时,一般采用保兑信用证。　　　　　（　　）

28. 可转让信用证只能转让一次,因此,可转让信用证的第二受益人只能有一个。

　　　　　　　　　　　　　　　　　　　　　　　　　　　　　　（　　）

29. 信用证只能按原证规定条款转让,因此,有关信用证金额、商品单价、到期交单日及最迟装运日期等项均不可以改变。　　　　　　　　　　　　　　　（　　）

30. 无论什么性质的信用证,均可开立对背信用证。　　　　　　　　　（　　）

31. 汇票、本票和支票都可分为即期的和远期的两种。　　　　　　　　（　　）

32. 在国际贸易中,银行汇票一般附有货运单据。　　　　　　　　　　（　　）

33. 限制性抬头的汇票可以自由转让。　　　　　　　　　　　　　　　（　　）

34. 发生拒付时,出票人应根据汇票与付款人进行交涉。　　　　　　　（　　）

35. 在汇付业务中,结算工具的传递方向与资金的流动方向相反,属逆汇。　（　　）

36. 在票汇情况下,汇款人要求汇出行开立的是银行即期汇票,因此这种付款方式属于银行信用。　　　　　　　　　　　　　　　　　　　　　　　（　　）

37. 付款交单(D/P)与承兑交单(D/A)都有一定的风险,一般说来,D/A 方式风险较小,更易为卖方所接受。　　　　　　　　　　　　　　　　　　　（　　）

38. 信用证是银行应进口商的申请,向出口商开立的保证付款的书面文件,因此,进口商承担第一付款人的责任。　　　　　　　　　　　　　　　　　　（　　）

39. 如果信用证上没有注明是否可撤销,信用证应视为可撤销。　　（　　）

40. 如果信用证只规定有效期,而无装运日期,该信用证应视为无效。（　　）

41. 如果信用证的装运日期与有效期同在一天,该信用证视为有效。（　　）

42. 对于信用证内容的修改,可以全部接受,也可以部分接受。　　（　　）

43. 出口商收到进口商寄来的开证申请书后,出口商即可据此备货,装船出运。（　　）

44. 在保兑信用证方式下,开证行和保兑行就付款责任而言,都应负第一性付款的责任。　　　　　　　　　　　　　　　　　　　　　　　　　（　　）

45. 对信用证条款的修改,只要进口商与出口商双方同意即可,无须通知开证行。（　　）

46. 在银行保证书业务中,受益人可以通过单据向银行议付,从而取得资金融通。（　　）

六、简答题

1. 汇票的付款期限有几种规定方法?

2. 汇票有哪些基本内容?

3. 行使追索权应具备什么条件?

4. 汇票的背书人应承担什么义务?

5. 汇票与本票有何不同?

6. 托收有何特点?

7. 什么是顺汇,什么是逆汇,两者有何区别?

8. 电汇、信汇和票汇有何不同?

9. 采用托收方式时,出口商应注意些什么?

10. 信用证结算有何优越性?

11. 简述信用证业务的一般程序。

12. 信用证的作用有哪些?

13. 银行保证书的主要内容有哪些?

14. 信用证有哪些主要内容?

15. 信用证支付方式的特点如何?

16. 跟单信用证与备用信用证,有何不同?

17. 信用证支付条款的主要内容是什么?

18. 信用证开证时间的规定方法有哪些?

19. 什么是分期付款?

20. 什么是延期付款?

21. 分期付款与延期付款有何区别?

七、案例分析题

1. 某公司接到一份经 B 银行保兑的不可撤销信用证。当该公司按信用证规定办完装运手续后,向 B 银行提交符合信用证各项要求的单据要求付款时,B 银行却声称:该公

司应先要求开证行付款,如果开证行无力偿付时,则由其保证付款。

    问:B银行的要求对不对?

    2.某开证行按照自己所开出的信用证的规定,对受益人提交的、经审查符合要求的单据已履行了付款责任。但在进口商向开证行赎单后发现单据中提单是倒签的,于是进口商立即要求开证行退回货款并赔偿其他损失。

    问:进口商的要求合理吗?

    3.国内某公司以 D/P 付款交单方式出口,并委托国内甲银行将单据寄由第三国乙银行转给进口国丙银行托收。后来得知丙银行破产收不到货款,该公司要求退回有关单证却毫无结果。

    问:托收银行应负什么责任?

4.我某轻工进出口公司向国外客户出口某商品一批,合同中规定以即期不可撤销信用证为付款方式,信用证的到期地点规定在我国。为保证款项的收回,应议付行的要求,我方请我香港某银行对中东某行(开证行)开立的信用证加以保兑。在合同规定的开证时间内,我方收到通知银行(即议付行)转来的一张即期不可撤销保兑信用证。我出口公司在货物装运后,将有关单据交议付银行议付。不久接保兑行通知:"由于开证行已破产,我行将不承担该信用证的付款责任。"

问:(1)保兑行的做法是否正确?为什么?(2)对此情况,我方应如何处理?

5.我某贸易有限公司以 CIF 大阪向日本出口一批货物。4 月 20 日由日本东京银行开来一份即期不可撤销信用证。信用证金额为 50000 美元,装船期为 5 月份。信用证中还规定议付行为纽约银行业中信誉较好的 A 银行。我中行收到信用证后,于 4 月 22 日通知出口公司,4 月底该公司获悉进口方因资金问题濒临倒闭。

问:在此情况下我方应如何处理?

6.我某贸易有限公司向国外某客商出口货物一批,合同规定的装运期为 6 月份,D/P支付方式付款。合同订立后,我方及时装运出口,并收集好一整套结汇单据及开出以买方为付款人的 60 天远期汇票委托银行托收货款。单据寄抵代收行后,付款人办理承兑手续时货物已到达了目的港,且行情看好,但付款期限未到。为及时提货销售取得资金周转,买方经代收行同意,向代收银行出具信托收据借取货运单据提前提货。不巧,在销售的过程中,因保管不善导致货物被火焚毁,付款人又遇其他债务关系倒闭,无力付款。

问:在这种情况下,责任应由谁承担?为什么?

第八章 货物检验、索赔、不可抗力和仲裁

一、名词解释(先译成中文,再解释含义)

1. commodity inspection

2. statutory inspection

3. inspection certificate

4. breach

5. disputes

6. claim

7. settlement of claim

8. force majeure

9. arbitration agreement

10. customs

11. breach of condition

12. breach of warranty

13. fundamental breach of contract

14. claims deadline

15. force majeure event

16. force majeure clause

17. arbitration

18. arbitration clause

19. litigation

20. validity of arbitration

二、填空题

1. 我国商检机构的三项主要任务是:(1)_____、(2)_____和(3)_____。

2. 我国进出口商品检验的作用是:(1)_____、(2)_____和(3)_____。

3. 在国际贸易中,商品检验证书的作用是:(1)_____、(2)_____、(3)_____和
(4)_____。

4. 进口索赔的对象按责任不同分别是:(1)_____、(2)_____和(3)_____。

5. 不可抗力是指在(1)_____后,不是由于当事人的过失或疏忽而发生了当事人

(2)_____、(3)_____、(4)_____、(5)_____的重大事故。

6. 不可抗力遵循的有关法律原则,主要指大陆法的(1)_____原则和英美法的(2)_____原则。

7. 不可抗力事故引起的法律后果有二:一是(1)_____;二是(2)_____。

8. 不可抗力事故一般是由(1)_____或(2)_____引起的。在美国习惯上认为不可抗力事故仅指(3)_____所引起的意外事故,所以美国的贸易合同中往往不使用"不可抗力"一词,而称为(4)_____条款。

9. 在进出口合同中,不可抗力条款的规定方法有:(1)_____、(2)_____和(3)_____.其中以(4)_____的规定方法使用最多。

10. 在国际贸易中解决买卖双方争议的方式有:(1)_____、(2)_____、(3)_____、(4)_____和(5)_____。

11. 通常引起争议的原因有:(1)_____、(2)_____、(3)_____。

12. 合同中仲裁条款的内容包括:(1)_____、(2)_____、(3)_____、(4)_____和(5)_____。

13. 我国于(1)_____签订了联合国 1958 年《承认和执行外国仲裁裁决公约》,同时作了(2)_____和(3)_____两项保留。

14. 英国法律把违约分为(1)_____和(2)_____两种;《联合国国际货物销售合同公约》把违约分为(3)_____和(4)_____。

15. 索赔条款通常包括两种:(1)_____和(2)_____。

16. 一般来说,英美法把(1)_____、(2)_____和(3)_____作为合同的要件。

17. 买方的复检权不是强制性的,而是_____。

18. 国际检验机构一般分为(1)_____、(2)_____和(3)_____三种。

19. 检验时间、地点的规定方法,实际上是明确以哪一方出具的_____作为最后依据。

20. 构成不可抗力的三个特征:(1)_____、(2)_____、(3)_____。

21. 解决争议的方式有四条途径,首选(1)_____,其次(2)_____,第三(3)_____,以及(4)_____。

22. 仲裁裁决是(1)_____,对双方具有(2)_____的约束力。

23. 仲裁的形式有两种:(1)_____和(2)_____。

24. 仲裁的机构有两种:(1)_____和(2)_____。

25. 1958 年 6 月 10 日联合国在纽约召开了国际商事仲裁会议,签订了《承认与执行外国仲裁裁决公约》,简称为_____。

26. 不可抗力可归结为两大范畴:(1)_____和(2)_____。

三、单项选择题

1. 对技术密集型产品,易在(　　)。

A. 出厂前检验　　　　　　　　　B. 装船前检验

C. 目的港检验　　　　　　　　　D. 最终用户所在地检验

2. 国际上应用较广泛的商品检验时间、地点的规定方法是( )。

A. 装船前装运港检验

B. 出口国装运港(地)检验,进口国目的港(地)复验

C. 装运港(地)检验重量,目的港(地)检验品质

D. 进口国目的港(地)检验

3. 国际标准化组织的英文缩写是( )。

A. ISO   B. UL   C. IWS   D. SGS

4. 《联合国国际货物销售合同公约》规定的索赔期限为买方实际收到货物后( )。

A. 半年内   B. 1 年内

C. 1 年半内   D. 2 年内

5. 进口合同中的索赔条款有两种规定方法,在一般商品买卖合同中常用的是( )。

A. 异议与索赔条款   B. 违约金条款

C. 罚金条款   D. 定金法则

6. 在解释上易产生分歧的不可抗力事故是( )。

A. 社会力量事故   B. 政府的行动

C. 社会异常事故   D. 商业风险事故

7. 在国际货物买卖中,较常采用的界定不可抗力事故范围的方法是( )。

A. 概括规定   B. 不规定

C. 具体规定   D. 综合规定

8. 在合同中一一列明不可抗力事故范围,这是( )。

A. 综合式规定   B. 列举式规定

C. 概括式规定   D. 分类式规定

9. 发生( )违约方可援引不可抗力条款要求免责。

A. 洪灾   B. 世界市场价格上涨

C. 生产制作过程中的过失   D. 货币贬值

10. 以仲裁方式解决交易双方争议的必要条件是( )。

A. 交易双方当事人订有仲裁协议

B. 交易双方当事人订有合同

C. 交易双方当事人订有意向书

D. 交易双方当事人订有交易协议

11. 仲裁地点应首先选择( )。

A. 本国   B. 对方国

C. 第三国   D. 本国和对方国

12. 仲裁的效力是( )。

A. 终局的,对争议双方具有约束力

B. 非终局的,对争议双方不具有约束力

C. 有时是终局的,有时是非终局的

D. 一般还需法院最后判定

四、多项选择题

1. 合同中商品检验条款的重要作用表现为（　　）。

A. 明确买卖双方在货物检验方面的权利义务

B. 有助于分清货物在运输过程中的货损、货差等责任归属

C. 证明货物是否符合合同规定

D. 保证商检法规的实施

E. 保证合同顺利履行

2. 由第三者参与解决多方争议的方式是（　　）。

A. 协商　　　　　　　　　　B. 调解

C. 仲裁　　　　　　　　　　D. 诉讼　　　　　　　E. 联合调解

3. 商品检验证书在国际贸易中的作用是（　　）。

A. 证明货物运输、装卸的实际状况

B. 能明确责任归属

C. 是通关放行的有效证件

D. 是履行合约、交接货物和结算货款的主要依据

E. 是对外索赔的有效凭证

4. 进出口合同中索赔条款有两种规定方式（　　）。

A. 异议条款　　　　　　　　B. 索赔条款

C. 罚金条款　　　　　　　　D. 异议和索赔条款　　E. 检验和索赔条款

5. 异议和索赔条款包括（　　）。

A. 索赔依据　　　　　　　　B. 索赔期限

C. 索赔处理办法　　　　　　D. 索赔金额　　　　　E. 索赔权利

6. 判定为不可抗力事故的原则是（　　）。

A. 意外事故必须发生在合同签订之前

B. 意外事故必须发生在合同签订之后

C. 由于合同双方当事人自身的过失或疏忽而导致的

D. 不是因为合同双方当事人自身的过失或疏忽导致的

E. 意外事故的发生是偶然性的,是当事人无法预见或控制、克服的

7. 下列属于不可抗力事故的是（　　）。

A. 水灾　　　　　　　　　　B. 地震

C. 政府禁令　　　　　　　　D. 通货膨胀　　　　　E. 汇率浮动

8. 某公司对外订立出口合同后,发生火灾,全部供出口的商品被毁。如果该合同中订有不可抗力条款,该公司可援引该条款（　　）。

A. 要求进口方按期付款　　　B. 要求免除买方的赔偿责任

C. 要求撤销合同　　　　　　D. 要求延期履行合同

E. 要求改换出口商品

9. 不可抗力的构成条件是（　　　）。

A. 事故发生在合同订立以后

B. 发生了合同当事人无法预见、无法预防、无法避免和无法控制的客观情况

C. 事故的发生使合同不能履行或不能如期履行

D. 遭遇意外事故的一方负全责

10. 仲裁条款的主要内容包括（　　　）。

A. 仲裁地点　　　　　　B. 仲裁机构

C. 仲裁程序　　　　　　D. 仲裁裁决效率　　　E. 仲裁费用负担

11. 在国际贸易中解决争议的方法主要有（　　　）。

A. 友好协商　　　　　　B. 调解

C. 仲裁　　　　　　　　D. 诉讼　　　　　　　E. 报复

五、判断题

1. 买方对货物的检验权是强制性的，是接收货物的前提条件。（　　　）

2. 如果货物在产地检验，那么货物离厂后出现的品质、数量等方面的风险概由买方负责。（　　　）

3. 确定商品检验时间、地点时，必须考虑货物自身特性。（　　　）

4. 以装运港检验机构出具的证书议付单据，以目的港检验结果为索赔依据，这种做法对买、卖双方均有好处。（　　　）

5. 一旦在合同订立后出现不可抗力事故，遭受损害的一方当事人即可解除合同。（　　　）

6. 在不可抗力条款中必须订明一方发生不可抗力事故后通知对方的期限和方式。（　　　）

7. 国际贸易中的争议案件只能用仲裁方式解决。（　　　）

8. 仲裁机构对争议案件有管辖权的条件是争议双方订立有仲裁协议。（　　　）

9. 在国际贸易中，争议双方当事人选择的仲裁规则与仲裁地点是一致的。（　　　）

10. 在我国进出口贸易合同的仲裁条款中通常选择我国、被告国或第三国作为仲裁地点。（　　　）

11. 在我国，当事人可以就仲裁机构的裁决上诉法院。（　　　）

12. 我国法定检验的商品仅指"商检机构实施检验的进出口商品种类表"所规定的商品。（　　　）

13. 对出口的水产品、野生动植物等，依据《中华人民共和国食品卫生法》实施卫生检验。（　　　）

14. 在国际贸易中，交易双方选择装运港离岸时的商检对买卖双方都比较合理，故为广泛采用。（　　　）

15. 凡是出口商品都必须经过国家商检机构的检验才能出口。（　　　）

16. 国际贸易中的进出口商品，经商检机构法定检验和公证鉴定后，一般都由商检机构出具检验证书。（　　　）

17. 为了确保我国进出口商品质量符合要求，所有进出口商品都应实行法定检验。（　　　）

18. 即使合同履行结束,只要一方有充足的法律依据和足够的事实依据,对方就不可以拒绝受理赔偿。　　　　　　　　　　　　　　　　　（　　）

19. 英国法律规定,违反要件的情况下,受害方有权要求损害赔偿,但不能解除合同。　　　　　　　　　　　　　　　　　　　　　　　（　　）

20.《联合国国际货物销售合同公约》规定,如果一方当事人根本违反合同,另一方当事人可以宣告合同无效,并要求损害赔偿。　　　　　　（　　）

21. 在双方交易中,买方收货后发现货物与合同规定不符时,在任何时候都可以向卖方索赔。　　　　　　　　　　　　　　　　　　　（　　）

22. 当违约金起算日期规定了优惠期时,则在优惠期限内免于罚款,过此期限再起算罚款。　　　　　　　　　　　　　　　　　　　　　（　　）

23. 我国《合同法》规定,当买卖双方约定了定金时,若收受定金的一方当事人违约,即应向守约方双倍返还定金。　　　　　　　　　　　（　　）

24. 预付货款与支付定金不同,它不是履约担保,故对方违约时,不适用双倍返还的原则。　　　　　　　　　　　　　　　　　　　　　（　　）

25. 当买卖合同订有违约金条款时,若违约金超过对方所遭受的实际损失,则违约金同时具有补偿性和惩罚性。　　　　　　　　　　　　（　　）

26. 援引不可抗力条款的后果是延期执行合同或解除合同。　　（　　）

27. 在我国进出口合同中,关于不可抗力事件的范围,通常都采用概括式与列举式相结合的规定办法。　　　　　　　　　　　　　　　　　（　　）

28. 仲裁协议必须由合同当事人在争议发生后达成,否则不能提请仲裁。（　　）

29. 我国的常设仲裁机构只有中国国际经济贸易仲裁委员会。　（　　）

30. 仲裁协议不一定要采用书面形式。　　　　　　　　　　　（　　）

31. 我国的对外贸易合同的仲裁条款规定,允许双方在仲裁裁决后向上一级仲裁庭和法院上诉。　　　　　　　　　　　　　　　　　　　（　　）

32. 当事人所指定的仲裁员代表当事人的自身利益。　　　　　（　　）

33. 如果一方当事人缺席,则不能开庭审理和做出裁决。　　　（　　）

34. 仲裁裁决书未规定期限的为无效裁决书。　　　　　　　　（　　）

35. 无仲裁裁决书的裁决无效。　　　　　　　　　　　　　　（　　）

36. 由于仲裁裁决是终局性裁决,因此,凡仲裁机构做出的一切裁决,不论在任何情况下,法院须一律执行。　　　　　　　　　　　　　　　（　　）

37. 仲裁费用应该一律由败诉方承担。　　　　　　　　　　　（　　）

六、简答题

1. 国际货物买卖中商品检验意义如何?

2. 商品检验的作用有哪些?

3. 在进出口业务中,商品的商检证书有哪些?

4. 商品检验证书有什么作用?

5. 合同中商品检验条款包括哪些内容?

6. 在国际贸易中,产生争议的原因有哪些?

7. 产生违约的原因有哪些?

8. 在国际贸易实践中,索赔条款主要有哪两种?

9. 异议和索赔条款的主要内容有哪些?

10. 在合同中规定具体索赔期限的方法有哪些?

11. 各国法律对罚金的规定,有哪些分歧?对此,我国法律又是如何对待的?

12. 不可抗力事故引起的后果怎样?

13. 为什么要在合同中订立不可抗力条款?

14. 合同中的不可抗力条款包括哪些内容?

15. 引起不可抗力事故的原因有哪些?

16. 认定不可抗力事故的要点有哪些?

17. 对不可抗力有哪两种处理方法?

18. 当我方援引或对方援引不可抗力条款要求免责时,我方应分别注意哪些问题?

19. 仲裁协议有哪些作用?

20. 仲裁有哪些特点?

21. 仲裁地点的规定有哪些方式?

22. 仲裁条款的格式有哪些?

23. 仲裁申请书应包括哪些内容?

24. 撤销仲裁裁决的情况有哪些?

七、案例分析题

1. 某合同商品检验条款中规定以装船地商检报告为准。但在目的港交付货物时却发现品质与约定规格不符。买方经当地商检机构检验并凭其出具的检验证书向卖方索赔,卖方却以上述商检条款拒赔。

问:卖方拒赔是否合理?

2. 某公司与外商订立一份化工产品进口合同,订约后由于该产品的国际市场行情上扬,外商亏本,于是其以不可抗力为由要求撤约。

问:进口方应如何对待此问题?

3. 我方售货给加拿大的甲商,甲商又将货物转手出售给英国的乙商。货抵加拿大后,甲商已发现货物存在质量问题,但仍将原货经另一艘船运往英国。乙商收到货物后,除发现货物质量问题外,还发现有 80 包货物包装破损,货物短少严重,因而向甲商索赔,据此,甲商又向我方提出索赔。

问:此案中,我方是否应负责赔偿? 为什么?

4. 某企业以 CIF 条件出口 1000 吨大米,合同规定为一级大米,每吨 300 美元,共 300000 美元。卖方交货时,实际交货的品质为二级大米。按订约时的市场价格,二级大米每吨 250 美元。

问:(1)根据《公约》的规定,此案中,买方可以主张何种权利?(2)若买方索赔,其提出的索赔要求可包括哪些损失?

5. 我某出口企业以 CIF 纽约条件与美国某公司订立了 200 套家具的出口合同。合同规定 2010 年 12 月交货。11 月底,我方出口商品仓库因雷击发生火灾,致使一半以上的出口家具被烧毁。我方遂以不可抗力为由,要求免除交货责任,美方不同意,坚持要求我方按时交货。我方经多方努力,于 2011 年 1 月初交货,而美方则以我方延期交货为由提出索赔。

问:(1)本案中,我方可主张何种权利? 为什么?(2)美方的索赔要求是否合理? 为什么?

6. 买卖双方以 CIF 价格术语达成一笔交易。合同规定卖方向买方出口商品 5000 件，每件 15 美元，信用证支付方式付款，商品检验条款规定："以出口国商品检验局出具的检验证书为卖方议付的依据，货到目的港，买方有权对商品进行复验，复验结果作为买方索赔的依据。"卖方在办理装运，制作整套结汇单据，并办理完结汇手续以后，收到了买方因货物质量与合同规定不符而向卖方提出索赔的电传通知及目的港检验机构出具的检验证明，但卖方认为交易已经结束，责任应由买方自负。

问：卖方的看法是否正确？为什么？

7. 有一份合同，印度 A 公司向美国 B 公司出口一批黄麻。在合同履行的过程中，印度政府宣布对黄麻实行出口许可证和配额制度。A 公司因无法取得出口许可证而无法向美国 B 公司出口黄麻，遂以不可抗力为由主张解除合同。

问：印度公司能否主张这种权利？为什么？

8. 泰国商人将从别国进口的初级产品转卖，向韩国商人发盘，韩国商人复电，表示接受发盘，同时要求提供产地证。两周后，泰国商人收到韩国商人开来的信用证。当泰商正准备按信用证规定发运货物时，获商检机构通知，因该货非本国产品，无法签发产地证。泰国商人电请韩国商人取消 L/C 要求提供产地证的条款，但被拒绝，于是引起争议。泰国商人提出，其对提供产地证的要求从未表示同意，依法无此义务，而韩国商人坚称泰国商人有此义务。

问：根据《联合国国际货物销售合同公约》，对此案应做出怎样的裁决？

9. 我方按 FOB 条件进口商品一批,合同规定交货期为 5 月份。4 月 8 日接对方来电称,因洪水冲毁公路(附有证明),要求将交货期推至 7 月份。我方接信后,认为既有证明因洪水冲毁公路,推迟交货期应没有问题,但因广交会期间工作比较忙,我方一直未给对方答复。6 月、7 月船期较紧,我方于 8 月份才派船前往装运港装货。因货物置于码头仓库产生了巨额的仓租、保管等费用,对方便要求我方承担有关的费用。

问:我方可否以对方违约在先为由,不予理赔?为什么?

10. 甲方与乙方签订了出口某种货物的合同一份,合同中的仲裁条款规定:"凡因执行本合同所发生的一切争议,双方同意提交仲裁,仲裁在被诉人所在国家进行。仲裁裁决是终局的,对双方具有约束力。"在履行合同的过程中,乙方提出甲方所交的货物品质与合同规定不符,于是,双方将争议提交甲国仲裁。经仲裁庭调查审理,认为乙方的举证不实,裁决乙方败诉。事后,甲方因乙方不执行裁决向本国法院提出申请,要求法院强制执行,乙方不服。

问:乙方可否向本国法院提请上诉?为什么?

第九章　出口交易磋商和合同订立

一、名词解释(先译成中文,再解释含义)

1. enquiry
2. offer
3. counter offer
4. acceptance
5. electronic commerce (E/C)
6. business negotiation
7. market research
8. order
9. indent
10. late acceptance

二、填空题

1. 交易磋商一般要经过(1)＿＿＿＿、(2)＿＿＿＿、(3)＿＿＿＿和(4)＿＿＿＿四个环节。其中(5)＿＿＿＿和(6)＿＿＿＿是每笔交易必不可少的两个环节。

2. 发盘在法律上属于一项要约,法律上的要约必须是(1)＿＿＿＿,反映在要约中各项条件必须是(2)＿＿＿＿、(3)＿＿＿＿和(4)＿＿＿＿。

3. 构成发盘的必要条件是:(1)＿＿＿＿;(2)＿＿＿＿;(3)＿＿＿＿;(4)＿＿＿＿。

4. 一项发盘遇有下列情况之一即失效:(1)＿＿＿＿;(2)＿＿＿＿;(3)＿＿＿＿;(4)＿＿＿＿。

5. 有效接受的四个条件是:(1)＿＿＿＿;(2)＿＿＿＿;(3)＿＿＿＿;(4)＿＿＿＿。

6. 签订书面合同的意义有三:(1)＿＿＿＿;(2)＿＿＿＿;(3)＿＿＿＿。

7. 在合同契约方面主要的国际贸易惯例有二:(1)＿＿＿＿;(2)＿＿＿＿。

8. 我国于1986年12月向联合国递交了《联合国国际货物销售合同公约》的核准书,同时作了两点保留:(1)＿＿＿＿(2)＿＿＿＿。

9. 对于非实质性变更发盘条件的接受,合同生效的条件:＿＿＿＿。

10. 如果一项发盘接受修改或变更了,那么下述6个条款之一则为实质性变更发盘条件:(1)＿＿＿＿、(2)＿＿＿＿、(3)＿＿＿＿、(4)＿＿＿＿、(5)＿＿＿＿、(6)＿＿＿＿。

11. 根据《联合国国际货物销售合同公约》,构成一项发盘,应具备3个基本要素:

(1)_____、(2)_____、(3)_____。

12. 根据《联合国国际货物销售合同公约》，在(1)_____、(2)_____情况下，发盘不得撤销。

13. 对于传递迟到延误的接受，合同成立的条件为_____。

三、单项选择题

1. 根据《联合国国际货物销售合同公约》，合同成立的时间是（　　）。

A. 接受生效的时间　　　　　　　　B. 交易双方签订书面合同时

C. 在合同获得国家批准时　　　　　D. 当发盘送达受盘人时

2. 根据《联合国国际货物销售合同公约》，接受于（　　）生效。

A. 合理时间内　　　　　　　　　　B. 向发盘人发出时

C. 送达发盘人时　　　　　　　　　D. 发盘人收到后以电报确认时

3. 根据《联合国国际货物销售合同公约》，发盘于（　　）生效。

A. 向特定的人发出时　　　　　　　B. 合理时间内

C. 送达受盘人时　　　　　　　　　D. 受盘人收到并确认时

4. 关于逾期接受，《联合国国际货物销售合同公约》的规定是（　　）。

A. 逾期接受无效　　　　　　　　　B. 逾期接受是一个新的发盘

C. 逾期接受完全有效　　　　　　　D. 逾期接受是否有效，关键取决于发盘人

5. 关于接受生效的时间，各国法律有不同的规定，其中（　　）采用"投邮生效"的原则。

A. 英美法　　　　　　　　　　　　B. 大陆法

C.《联合国国际货物销售合同公约》　D. 我国的《合同法》

6. 某发盘人在其订约建议中加有"仅供参考"字样，则这一订约建议为（　　）。

A. 发盘　　　　　　　　　　　　　B. 递盘

C. 邀请发盘　　　　　　　　　　　D. 还盘

7. 向广大公众发出的商业广告是否构成发盘的问题，各国法律规定不一。其中大陆法规定（　　）。

A. 向公众做出的商业广告，只要内容确定，在某些场合下可视为发盘

B. 凡向广大公众发出的商业广告，不得视为发盘

C. 商业广告可完全视为一项发盘

D. 商业广告本身并不是一项发盘，通常只能视为邀请对方提出发盘

8. 当一项发盘未具体列明有效期时，根据《联合国国际货物销售合同公约》，如果采用口头发盘时，（　　）方为有效。

A. 受盘人尽快表示接受时

B. 受盘人当场表示接受，除非发盘人发盘时另有声明

C. 受盘人在一段合理时间内表示接受

D. 受盘人24小时内表示接受

9. 关于发盘能否撤销的问题,英美法与大陆法存在着严重的分歧,其中英美法认为( )。

A. 发盘人原则上应受发盘的约束,不得随意将其发盘撤销

B. 发盘已经生效,但是受盘人尚未表示接受之前这段时间内,只要发盘人及时将撤销通知送达受盘人,就可将其发盘撤销

C. 受盘人表示接受之前,即使发盘中规定了有效期,发盘人也可以随时予以撤销

D. 发盘在受盘人接受之前可以撤销,但若撤销不当,发盘人应承担损害赔偿责任

10. 接受的撤回或修改的问题上,《联合国国际货物销售合同公约》采取了( )原则。

A. 投邮生效　　　　　　　　　　B. 送达生效

C. 尽快撤回或修改　　　　　　　D. 合理时间内撤回或修改

11. 一项发盘,经过还盘后,则该项发盘( )。

A. 失效　　　　　　　　　　　　B. 仍然有效

C. 对原发盘人有约束力　　　　　D. 对还盘人有约束力

12. 某项发盘于某月 12 日以电报形式送达受盘人,但在此之前的 11 日,发盘人以传真告知受盘人发盘无效,此行为属于( )。

A. 发盘的撤回　　　　　　　　　B. 发盘的修改

C. 一项新发盘　　　　　　　　　D. 发盘的撤销

13. 交易磋商的两个基本环节是( )。

A. 询盘和接受　　　　　　　　　B. 发盘和签合同

C. 接受和签合同　　　　　　　　D. 发盘和接受

14. 英国某买主向我国某轻工业品进出口公司来电"拟购美加净牙膏大号 1000 罗请电告最低价格最快交货期",此来电属交易磋商的哪一环节( )。

A. 发盘　　　　B. 询盘　　　　C. 还盘　　　　D. 接受

15. 国际货物买卖合同的主体是( )。

A. 货物　　　　　　　　　　　　B. 买方和卖方

C. 双方的权利与义务　　　　　　D. 中间商

16. 以下( )具有订约能力。

A. 未成年人　　B. 精神病人　　C. 法人代表　　D. 酗酒者

17. 合同的权利与义务不包括( )。

A. 合同的标的　　　　　　　　　B. 货物买卖的价格

C. 买卖双方的义务　　　　　　　D. 合同的有效性

18. 我国法律认可的进出口贸易合同形式是( )。

A. 口头形式合同　　　　　　　　B. 书面形式合同

C. 行为形式合同　　　　　　　　D. 其他形式合同

19. 在进出口贸易实践中,对当事人行为无强制性约束的规范是( )。

A. 国内法　　　　　　　　　　　B. 国际法

C. 国际贸易惯例　　　　　　　　D. 合同公约

四、多项选择题

1. 一般地说,交易磋商有四个环节,其中达成交易不可缺少的两个基本环节和必经的法律步骤是(　　)。

A. 询盘　　　　　　　　　　B. 发盘

C. 接受　　　　　　　　　　D. 还盘　　　　　　E. 签订合同

2. 在交易磋商之前,需要准备的事项很多,其中主要包括以下几项工作(　　)。

A. 选配洽谈人员　　　　　　B. 选择目标市场

C. 选择交易对象　　　　　　D. 制定磋商交易的方案　　E. 进行询盘

3. 构成一项有效的发盘,必须具备下列(　　)条件。

A. 发盘应向一个或一个以上特定的人提出

B. 必须表明发盘人在其发盘一旦被受盘人接受即受约束的意思

C. 必须规定发盘的有效期

D. 必须传达到受盘人

E. 发盘内容必须十分确定

4. 根据《联合国国际货物销售合同公约》,发盘内容必须十分明确,即发盘中应包括下列基本要素(　　)。

A. 表明货物的名称

B. 表明货物的交货时间、地点

C. 明示或默示货物的数量或确定数量的方法

D. 明示或默示货物的价格或确定价格的方法

E. 表明付款的时间、地点

5. 当发盘采用函电成交时,发盘人一般都明确规定发盘的有效期,其规定方法包括(　　)。

A. 明确规定最迟接受的期限

B. 明确规定一段接受的期限

C. 列明尽快接受即可

D. 规定有效期的期限应从电报交发时刻或信上载明的发信日期起算

E. 规定有效期的期限应按电报或信件送达受盘人时起算

6. 明确发盘生效的时间,具有重要的法律和实践意义,这主要表现在下列(　　)方面。

A. 关系到发盘人何时可以撤回发盘或修改其内容

B. 关系到受盘人能否表示接受

C. 关系到合同能否签订

D. 关系到交易磋商的时间

E. 关系到发盘效力何时终止

7. 根据《联合国国际货物销售合同公约》,并不是所有的发盘都可撤销,下列(　　)情况下的发盘,一旦生效,则不得撤销。

A. 在发盘中明确规定了有效期

B. 以其他方式表明该发盘是不可撤销的

C. 受盘人有理由相信该发盘不可撤销的,并本着对该发盘的信任采取了行动

D. 发盘送达受盘人后,受盘人没有表示接受之前收到了发盘人的撤销通知

E. 受盘人已经发出了接受通知

8. 任何一项发盘,其效力均可在一定条件下终止。发盘效力终止的原因,一般包括以下( )方面。

A. 在发盘的有效期内未被接受,或虽未规定有效期,但是在合理时间内没有被接受

B. 受盘人拒绝或还盘之后

C. 发盘人依法撤销了发盘

D. 发盘之后,所在国政府对发盘中的商品或所需外汇颁布了禁令

E. 发盘人在发盘被接受之后丧失了行为能力

9. 根据《联合国国际货物销售合同公约》,受盘人对( )内容提出更改或添加,被视为实质性变更发盘条件。

A. 价格   B. 付款

C. 品质   D. 交货时间与地点   E. 不可抗力

10. 根据合同成立的有效条件,如果属于( )则不是一项有法律约束力的合同。

A. 法人通过代理人,在其经营范围内签订的合同

B. 采取胁迫手段订立的合同

C. 自然人在签订合同前已患有精神病

D. 关于毒品交易的买卖合同

E. 中美进出口商以书面形式订立的合同

11. 电子商务的范围很广,它包括( )方式或涉及这几种方式所进行的交易或商务活动。

A. 通过 Internet 进行的任何与商务有关的活动

B. 通过 VAN 进行的电子交易

C. 通过 BBS 进行的采购交易

D. 企业在线服务

E. 通过电话、电传、传真进行的商务活动

12. 电子商务可以根据不同商务活动群体的业务性质,分成( )几类。

A. 企业对企业的电子商务(B2B)

B. 企业对消费者的电子商务(B2C)

C. 消费者对政府的电子商务(C2G)

D. 企业对政府的电子商务(B2G)

E. 消费者对消费者的电子商务(C2C)

五、判断题

1. 交易磋商是签订买卖合同的必需阶段和法定程序。   ( )

2. 询盘与发盘一样是达成交易、合同成立的基本环节和必经的法律步骤,具有法律约束力。　　　　　　　　　　　　　　　　　　　　　　　　　　　　（　　）

3. 发盘有买方发盘和卖方发盘,习惯上将后者称为递盘(Bid)。　　（　　）

4. 订约建议中如果没有提到交货的时间、地点和付款的时间、地点,不能构成一项有效的发盘,因而也会妨碍合同的订立。　　　　　　　　　　（　　）

5. 根据《联合国国际货物销售合同公约》,在发盘生效后但受盘人尚未表示接受之前,发盘人及时将撤销通告送达受盘人,一般可将其发盘撤销。　　（　　）

6. 逾期接受是否有效完全取决于发盘人的态度。　　　　　　　　　（　　）

7. 根据《联合国国际货物销售合同公约》,一项有效的接受必须是同意发盘所提出的交易条件。　　　　　　　　　　　　　　　　　　　　　　　　　（　　）

8. 在国际贸易中,订立合同只能以书面形式或口头形式表示,否则无效。　（　　）

9. 接受和发盘一样也是可以撤销的。　　　　　　　　　　　　　　（　　）

10. 受盘人如果在实质上变更了发盘条件,其法律后果是否定了原发盘,原发盘即告失效,原发盘人不再受其约束。　　　　　　　　　　　　　（　　）

六、简答题

1. 构成一项法律上有效的发盘必须具备哪些条件?

2. 对于商业广告是否为发盘的问题,英美法、大陆法及《联合国国际货物销售合同公约》是如何规定的?

3. 为什么明确发盘生效的时间具有重要的法律和实践意义?

4. 什么是发盘有效期? 如何规定发盘有效期? 试举例说明。

5. 关于发盘的撤销问题,英美法、大陆法及《联合国国际货物销售合同公约》分别是如何规定的?

6. 什么是接受? 构成一项有效的接受必须具备什么条件?

7. 什么是逾期接受? 对此问题《联合国国际货物销售合同公约》是如何规定的?

8. 关于接受生效的时间,英美法、大陆法以及《联合国国际货物销售合同公约》分别采取什么原则?

9. 一项有法律约束力的合同必须具备什么条件?

10. 简述电子商务的含义及其特点。

11. 国际电子商务与传统电子商务比较有何区别?

七、案例分析题

1. 我某进口企业与某外商磋商进口纺织机械设备交易。经往来电传磋商,已就合同的基本条款初步达成协议,但在我方最后所发的表示接受的电传中写有"以签署确认书为准"的字样。事后,外商拟就合同书,要我方确认,但由于对某些条款我方认为需要修改,此时该设备的市场价格有下跌趋势,于是我方并未及时对外方予以答复,外商又多次来电催证,我方答复拒绝开证。

问:这一拒绝是否合理?

2. 我某外贸公司 6 月 13 日向美国进口商发出电传,发盘供应一批瓷器 10000 件并列明"牢固木箱包装"。美国进口商收到我方电传后立即复电表示接受并要求用新木箱装运。我方收到复电后立即着手备货,准备于双方约定的 7 月份装船。两周后,美国进口商来电称:"由于你方对新木箱包装的要求未予以确认,故双方之间的合同没有成立。"而我方认为合同已经成立,为此双方发生争执。

问:美国进口商的理由是否成立?

3. 我某技术贸易公司就某项技术贸易的进口事宜与国外某客户进行洽谈,经过双方多次的函电往来,最终使交易得以达成,但未订立正式的书面合同。根据双方的函电往来,对方应于 2010 年 12 月前向我方提供一项技术贸易的出口,而时至 2011 年 1 月,对方仍未向我方提供该项技术贸易。我方曾多次要求对方履行合约,对方却以未订立正式书面合同为由否认合约已达成。

问:(1)双方的交易是否已达成? 为什么?(2)就此案例,我方应如何处理?

4. 我某出口企业于 6 月 1 日用电传向英商发盘销售某商品,限 6 月 7 日复到。6 月 2 日收到英商发来电传称"接受但价格减 5％",我尚未对此作答复,由于该商品市价剧涨,英商又于 6 月 3 日来电表示"无条件接受 6 月 1 日发盘,请告合同号码。"

问:在此情况下,我方应如何处理? 为什么?

5. 我某进出口公司欲进口包装机一批,对方发盘的内容为:"兹可供普通包装机 200 台,每台 500 美元 CIF 青岛,6 至 7 月份装运,限本月 21 日复到我方有效。"我方收到对方发盘后,在发盘规定的有效期内复电:"你方发盘接受,请内用泡沫,外加木条包装。"

问:我方的接受是否可使合同成立? 为什么?

6. 买卖双方订有长期贸易协议,协议规定"卖方必须在收到买方订单后 15 天内答复,若未答复则视为已接受订单"。11 月 1 日卖方收到买方订购 2000 件服装的订单,但直到 12 月 25 日卖方才通知买方不能供应 2000 件服装,买方认为合同已经成立,要求供货。

问:双方的合同是否成立? 为什么?

7. 我某出口企业于 8 月 2 日向法商发盘供应东北大豆 2000 公吨,限 8 月 8 日复到,法商表示接受的电传于 8 月 9 日上午送到我方,当时我方即电话通知对方其接受有效,并着手备货。一周后,大豆价格剧烈下跌,法商于 8 月 17 日来电称:"9 日电传系在你方发盘已失效时做出,属无效接受,故合同不能成立。"

问:你认为法商这一说法合理吗?

8. 英国某中间商 A,就某商品以电传方式邀请我方发盘,我于 6 月 8 日向 A 商发盘并限 6 月 15 日复到有效。12 日我方收到美国 B 商人按我方发盘规定的各项交易条件开来的信用证,同时收到中间商 A 的来电称:"你 8 日发盘已转美国 B 商。"经查该商品的国际市场价格猛涨,于是我方将信用证退回开证银行,再按新价直接向美商 B 发盘,而美 B 商以信用证于发盘有效期内到达为由,拒绝接受新价,并要求我方按原价发货,否则将追究我方的责任。

问:对方的要求是否合理? 为什么?

9. 我方对外发盘轴承 800 套,分别为 101 号/200 套、102 号/100 套、103 号/200 套、104 号/300 套,限 9 月 20 日复到有效。对方在发盘的有效期内来电表示接受,并附第 1080 号订单一份。订单内表明的规格是:101 号/200 套、102 号/200 套、103 号/300 套、104 号/100 套。我方对来电未做处理。数天后收到对方开来的信用证,证内对规格未作详细的规定,仅注明:as per our order No:1080。我方凭证按原发盘的规格、数量装运出口,商业发票上注明 as per our order No:1080。

问:我方可否顺利交单结汇?

10. 我某公司与外商洽谈进口某商品一批,经往来电传洽谈,已谈妥合同的主要交易条件,但我方在电传中表明交易于签订确认书时生效。事后对方将草拟的合同条款交我方确认,但因有关条款的措辞尚需研究,故我方未及时给对方答复。不久,该商品的市场价格下跌,对方电催我方开立信用证,以便其可按期装运出口,而我方以合同未成立为由拒绝开证。

问:我方的做法是否有理?为什么?

八、操作题

1. 根据下列成交条件签订出口合同,在空白合同中填写,要求条款准确、内容完整。其中,(13)、(14)、(15)、(16)、(17)用中英文两种语言填写,其余用英文填写。

华信公司(HUAXIN TRADING CO., LTD., 14TH FLOOR KINGSTAR MANSION, 676, JINLIN RD., SHANGHAI, CHINA)与加拿大 JBS 公司(JAMES BROWN&SONS, ♯304—310, JALAN STREET, TORONTO CANADA)就陶瓷餐具(CHINESE CERAMIC DINNERWARE)经过几个回合的交易磋商,就各项交易条件达成共识,概括如下:

货号	品名	规格	成交数量	单价
HX1115	35PCS	DINNERWARE SET	542 SETS	USD23.50/SET
HX2012	20PCS	DINNERWARE SET	800 SETS	USD20.40/SET
HX4405	47PCS	DINNERWARE SET	443 SETS	USD23.20/SET
HX4510	95PCS	DINNERWARE SET	254 SETS	USD30.10/SET

成交价格条件:CIFC5% TORONTO

包装条件:HX2012 两套装一纸箱,HX1115、HX4405 和 HX4510 一套装一纸箱,共1639 纸箱

装货/装运条件:自中国上海经海运至加拿大多伦多港,装运期为 2017 年 4 月,允许分批和转船

保险条件:由卖方按 CIF 成交金额的 110% 投保中国人民保险公司海洋货物水渍险和战争险

付款条件:不可撤销即期信用证付款

合同号:SHHX02027

合同日期:2017 年 4 月 3 日

合同填写部分:

CONTRACT

(1)

(2) NO.：

(3) DATE：

(4) THE SELLER：

ADDRESS：

(5) THE BUYER：

ADDRESS：

THE UNDERSIGNED SELLERS AND BUYERS HAVE AGREED TO CLOSE THE FOLLOWING TRANSACTION ACCORDING TO THE TERMS AND CONDITIONS STIPULATED BELOW.

ART.NO. (6)	COMMODITY (7)	UNIT (8)	QUANTITY (9)	UNIT PRICE (USD) (10)	AMOUNT (USD) (11)

(12) TOTAL CONTRACT VALUE：

(13) PACKING：

(14) PORT OF LOADING&DESTINATION：

(15) TIME OF SHIPMENT：

(16) TERMS OF PAYMENT：

(17) INSURANCE：

(18) CONFIRMED BY：

2. 根据给出的信用证回答问题,除特殊注明外均用中文回答。

信用证原文：

MSG TYPE：700(ISSUE OF A DOCUMENTARY CREDIT)

APPLICANT HEADER：CHASU33DxxxN 1555 192579 030328 0458 N

      * JP MORGAN CHASE BANK

      * NEW YORK，NY

SEQUENCE TOTAL * 27：1/2

FORM OF DOCUMENTARY CREDIT * 40A：IRREVOCABLE

LETTER OF CREDIT NUMBER * 20：C—788520

DATE OF ISSUE31C：030310

DATE AND PLACE OF EXPIRY * 31D：DATE 040121 PLACE IN CHINA

APPLICANT * 50：COMETALS

222 BRIDGE PLAZA SOUTHFORT LEE, NJ 07024

BENEFICIARY ＊59：LINGHAI SIN HORY IMP. AND EXP. CO., LTD.

NO.56, SHANGDA LI, TAIHE DISTRICT, JINZHOU,

LIAONING, CHINA

CURRENCY CODE, AMOUNT ＊32B：CURRENCY USD AMOUNT

7110000.00

AVAILABLE WITH… BY… ＊41D：AVAILABLE WITH ANY BANK BY NEGOTIATION

DRAFTS AT ＊42C：SIGHT

DRAWEE 42D：JP MORGAN CHASE BANK, NY

PARTIAL SHIPMENTS 43P：PERMITTED

TRANSHIPMENT 43T：PERMITTED

SHIPPING ON BOARD/DISPATCH/LOADING IN CHARGE AT/FROM44A：CHINESE MAIN PORT

TRANSPORTATION TO 44B：BALTIMORE, MD

LATEST DATE OF SHIPMENT 44C：031231

PERIOD FOR PRESENTATION 48：

DOCUMENTS MUST BE PRESENTED WITHIN 21 DAYS AFTER SHIPMENT BUT WITHIN THE VALIDITY OF THE LETTER OF CREDIT.

CONFIRMATION INSTRUCTIONS ＊49：WITHOUT

INSTRUCTIONS TO THE PAYING/ACCEPTING/NEGOTIATING BANK 78：

1. ALL DOCUMENTS MUST BE FORWARDED TO US IN ONE AIRMAIL TO THE JP MORGAN CHASE BANK.

2. A DISCREPANT DOCUMENT FEE OF USD 75.00 BE DEDUCTED FROM PROCEEDS IF DOCUMENTS WITH DISCREPANCIES ARE ACCEPTED.

3. UPON RECEIPT OF ALL DOCUMENTS AND DRAFT IN CONFORMITY WITH THE TERMS AND CONDITIONS OF THIS CREDIT, WE SHALL REMIT THE PROCEEDS TO THE BANK DESIGNED BY YOU.

"ADVISING THROUGH" BANK 57D：BANK OF CHINA, JINZHOU BR,

NO.23, SEC.5, JIEFANG RD, LINGHE

DIST., JINZHOU, LIAONING, CHINA

MSG TYPE：700(ISSUE OF A DOCUMENTARY CREDIT)

APPLICANT HEADER：CHASUS33DxxxN 1555 192579 030328 0458 N

＊JP MORGAN CHASE BANK

＊NEW YORK, NY

SEQUENCE TOTAL ＊27：2/2

LETTER OF CREDIT NUMBER ＊20：C—788520

DESCRIPTION OF GOODS OR SERVICES：45A

200 METRIC TONS CHROMIUM METAL FROM MAIN CHINESE PORT TO BALTIMORE，MD AT USD 35550.00 PER METRIC TON AS FOLLOWS：

200 METRIC TONS EXCHINA FROM THE BEGINNING APRIL 2003 THROUGH DECEMBER 2003，NO MORE THAN 60MT，NO LESS THAN 20MT PER MONTH. BUYER SHOULD NOTIFY THE BENEFICIARY BY FAX ONE MONTH PRIOR TO SHIPMENT.

SHIPPING TERMS：CIF BALTIMORE

DOCUMENTS REQUIRED46A：

＋＋ORIGINAL SIGNED COMMERCIAL INVOICE IN 3 COPIES COVERING：

MATERIAL：CHROMIUM METAL

GOODS ARE SUPPLIED IN STEEL DRUMS OF 250KGS NET EACH ON FUMIGATED WOODEN PALLETS，IN SEAWORTHY OCEAN CONTAINERS.

SHIPPING MARKS ON EACH DRUM：

CHROMIUM METAL

PC—14228

COMETALS

MADE IN CHINA

＋＋ORIGINAL PACKING LIST IN 3 COPIES.

＋＋CERTIFICATE OF ORIGIN IN 2 COPIES.

＋＋CERTIFICATE OF WEIGHT IN DUPLICATE ISSUED BY PRODUCER.

＋＋CERTIFICATE OF QUALITY IN 2 COPIES ISSUED BY PRODUCER.

＋＋FUMIGATION(熏蒸) CERTIFICATE ISSUED BY CIQ.

＋＋ INSURANCE POLICY IN TRIPLICATE FOR 110 PERCENT OF THE INVOICE VALUE SHOWING CLAIMS SETTING AGENT AT DESTINATION PORT AND THAT CLAIMS ARE PAYABLE IN THE CURRENCY OF THE DRAFT，COVERING ALL RISKS，WAR RISKS AND S.R.C.C.

＋＋ FULL SET 3/3 OF SIGNED CLEAN ON BOARD OCEAN BILLS OF LADING MADE OUT TO ORDER OF COMETALS，NOTIFYING JOHNS. CONNOR，INC. INDICATING OUR LETTER OF CREDIT NUMBER AND MARKED "FREIGHT PREPAID".

ADDITIONAL INSTRUCTIONS47A：

1. THIS L/C IS NON-TRANSFERABLE.

2. BOTH QUANTITY AND AMOUNT 10 PERCENT MORE OR LESS ARE ALLOWED.

3. ALL DOCUMENTS MUST INDICATE THIS CREDIT NUMBER.

CHARGES 71B：

ALL BANKING CHARGES OUTSIDE THE OPENNING BANK ARE FOR BENEFICIARY'S ACCOUNT.

SENDER TO RECEIVER INFORMATION 72：

THIS CREDIT IS ISSUED SUBJECT TO UNIFORM CUSTOMS AND PRACTICE FOR DOCUMENTARY CREDITS (1993 REVISION) ICC PUBLICATION NO. 500.

问题部分：

（1）本信用证的种类有哪些？至少写出五种。

（2）写出信用证号码、开证日期、信用证的有效期、信用证的到期地点、最迟装运日期。

（3）写出本信用证汇票的出票人、受票人、汇票付款期限（直接从信用证中摘录）。

（4）写出本信用证涉及货物的名称、单价、数量、包装、价格术语（直接从信用证中摘录）。

（5）写出装运港、目的港、可否分批、可否转船、唛头（直接从信用证中摘录或根据信用证分析）。

（6）向银行议付时应提交哪些单据？其份数及正副本各是多少？

（7）将信用证中"200 METRIC TONS EX CHINA FROM THE BEGINNING APRIL 2013 THROUGH DECEMBER 2013，NO MORE THAN 60MT，NO LESS THAN 20MT PER MONTH. BUYER SHOULD NOTIFY THE BENEFICIARY BY FAX ONE MONTH PRIOR TO SHIPMENT"翻译成中文。

（8）国外来证买钢材，信用证中规定：数量为 ABOUT 1000 MT；单价为 USD 1000/MT；总金额为 USD 1 000 000.00。根据 UCP600 的规定，卖方最多装运多少钢材可以安全收汇？并说明理由。

（9）写出下列缩略语的含义：FCL、LCL、CY、CFS、OCP、NVOCC、FIO、TEU、SWIFT、DHL。

（10）本信用证中列明了哪些银行？分别写出它们的名称和地址（银行名称注明中文，名称和地址直接从信用证中摘录）。

（11）本信用证的交单期限是什么？根据 UCP600 的规定，如果信用证中没有注明交单期限，那么信用证项下的单据最迟应在哪一天提交给银行？

（12）根据 UCP600 的规定，如果信用证中没有规定货物数量有增减幅度，那么只要符合一些条件，货物数量就可以有 5% 的增减幅度。这些条件是什么？

（13）根据 UCP600 的规定，运输单据上必须注明运费支付情况。在分别以 CIF、CFR、FOB 价格术语成交的情况下，运输单据上有关运费支付情况应如何注明（用英文）？

第十章　国际货物买卖合同的履行

一、名词解释(先译成中文,再解释含义)

1. export declaration

2. negotiating bank

3. international factoring

4. mate receipt（M/R）

5. ocean bill of lading

6. compensation for damages

7. remedies

8. consignment bill

9. negotiation

10. shipping order（S/O）

11. certificate of origin

12. customs invoice

13. export tax rebate

二、填空题

1. "三平衡"是指(1)_____、(2)_____、(3)_____三方面的衔接和综合平衡。

2. "四排"是指:(1)_____、(2)_____、(3)_____和(4)_____。

3. _____是我国外经贸活动一贯遵循的原则。

4. 以 CIF 和 L/C 付款方式成交的出口合同,其履行程序包括(1)_____、(2)_____、(3)_____、(4)_____四大环节。

5. 以 FOB 和 L/C 付款方式成交的进口合同,其履行的一般程序是:(1)_____、(2)_____、(3)_____、(4)_____、(5)_____、(6)_____和索赔等。

6. 在国际货物买卖合同中,卖方的基本义务是:(1)_____;(2)_____;(3)_____。买方的基本义务是:(4)_____;(5)_____。

7. 出口单证应达到(1)_____、(2)_____、及时、(3)_____、(4)_____、(5)_____的要求。

8. 如果信用证未明确规定付款人,我们在缮制汇票时,应填写(1)_____。在采用托收方式时,则应填写(2)_____。

9. 对汇票的出票依据,在信用证项下除非另有规定,应填写(1)_____、(2)_____和(3)_____。在托收项下可填写(4)_____。

10. 我国目前出口结汇的三种办法是:(1)_____、(2)_____和(3)_____。

11. 装货单的作用有三:(1)_____;(2)_____;(3)_____。

12. 在我国进口业务中,凡以 FOB 及 CFR 合同进口的货物都采用(1)_____保险。保险公司的保险责任期限是从(2)_____起生效,至(3)_____终止。

13. 信用证方式下,出口人能否安全收汇,取决于(1)_____和(2)_____。

14. 汇票的当事人有:(1)_____、(2)_____、(3)_____。其中,(4)_____是付款人。

15. 海运提单的日期代表_____日期。

16. 托运人向船公司申请托运的单据是(1)_____。船公司给托运人的配载已完成的反馈单据是(2)_____。

17. FCL 是(1)_____的意思,LCL 的含义是(2)_____。对于整箱货的集中分拨场地叫(3)_____,对于拼箱货的场地叫(4)_____。

18. 书面合同的种类,对于小额交易合同条款较简单的,我们称为(1)_____;对于金额较大、合同条款较齐全的,我们称为(2)_____。买方打制的叫(3)_____;卖方打制的叫(4)_____。

19. 票汇使用的是银行汇票,托收使用的是(1)_____汇票,信用证使用的是(2)_____汇票。

三、单项选择题

1. 信用证的到期地点应视信用证的规定而定,在我国外贸实务中,通常使用的到期地为(　　)。
A. 出口地　　　　B. 进口地　　　　C. 第三国　　　　D. 开证行所在地

2. 按照国际保险市场上的一般习惯,保险金额是以发票的(　　)价格为基数,再加上适当的保险加成计算得出的。
A. FOB　　　　B. CFR　　　　C. CIF　　　　D. FAS

3. 出口公司收到银行转来的信用证后,侧重审核(　　)。
A. 信用证内容与合同是否一致　　　B. 信用证的真实性
C. 开证行的政治背景　　　　　　　D. 开证行的资信能力

4.《联合国国际货物销售公约》规定,如买卖合同中未提及索赔期限,买方的索赔权的最长索赔期限为自实际收到货物起不超过(　　)。
A. 1 年　　　　B. 60 天　　　　C. 2 年　　　　D. 30 天

5. 买方按时(　　)是卖方履行合同的前提条件。
A. 租船订舱　　B. 开立信用证　　C. 投保　　　　D. 审单付款

6. 进口的货物如发生残损或到货数量少于提单所载数量,而运输单据是清洁的,则进口方应向(　　)提出索赔。
A. 卖方　　　　B. 承运人　　　　C. 保险公司　　　D. 银行

7. 在以下四个国家中,(　　)没有给予我国普惠制。

　　A. 新西兰　　　　　B. 加拿大　　　　　C. 英国　　　　　　D. 日本

8. 向保险公司索赔的时限,根据中国人民保险公司制定的《海洋运输货物保险条款》,为货物在全部卸离海轮后(　　)。

　　A. 3 年　　　　　　B. 2 年　　　　　　C. 60 天　　　　　D. 1 年

9. 向出口方索赔时,在以下的索赔依据中不必出具的是(　　)。

　　A. 提单　　　　　　B. 装箱单　　　　　C. 发票　　　　　　D. 保险单

10. 进口关税的计算以(　　)价格为基础。

　　A. FOB　　　　　　B. CFR　　　　　　C. CIF　　　　　　D. FAS

11. 托运人凭(　　)向外轮代理公司交付运费并换取正式提单。

　　A. 大副收据　　　　B. 发票　　　　　　C. 保险单　　　　　D. 保验单

12. 在国际保理业务中,应付账款的转让通知必须交(　　)。

　　A. 债务人　　　　　B. 供货商　　　　　C. 进口保理商　　　D. 出口保理商

13. 按照英国法律,一方违反担保,另一方当事人(　　)。

　　A. 只可请求解除合同,不可请求赔偿损失

　　B. 既可请求解除合同,又可请求赔偿损失

　　C. 不可请求解除合同,只可请求赔偿损失

　　D. 既不可请求解除合同,也不可请求赔偿

14. 出口报关的时间应是(　　)。

　　A. 备货前　　　　　B. 装船前　　　　　C. 装船后　　　　　D. 货到目的港后

15. 向海关申报进出口货物,供海关验关估税和放行的法定单据是(　　)。

　　A. 提单　　　　　　B. 报验单　　　　　C. 报关单　　　　　D. 投保单

16. 当信用证条款与合同规定不一致时,受益人可以要求何人修改(　　)。

　　A. 开证人　　　　　B. 开证行　　　　　C. 通知行　　　　　D. 保兑行

17. 审核信用证的依据是(　　)。

　　A. 合同及 UCP600 的规定　　　　　　B. 一整套单据

　　C. 开证申请书　　　　　　　　　　　D. 商业发票

18. 进口许可证自签发之日起(　　)内有效。

　　A. 三个月　　　　　B. 一年　　　　　　C. 一个月　　　　　D. 半年

19. 进口货物的收货人或他们的代理人在货物抵达卸货港后,即应该向海关申报。法定申报时限为自运输工具申报进境之日起(　　)天内。

　　A. 3　　　　　　　B. 7　　　　　　　C. 14　　　　　　　D. 15

四、多项选择题

1. 在信用证项下结汇时,议付行要求"单、证表面严格相符"。但是,当单证不符时,进出口企业可以采用(　　)来结汇。

　　A. 表提　　　　　　　　　　　　B. 电提

　　C. 跟证托收　　　　　　　　　　D. 凭保议付　　　　　E. 定期结汇

2. 出口商与保理商签订保理合同,该合同应满足(　　)的基本条件。

A. 财务管理及融通资金　　　　B. 信用风险担保

C. 代理保管货物　　　　　　　D. 资信调查和信用评估

E. 催收应收账款

3. 一般情况下,国际保理业务的当事人包括(　　)。

A. 供货商　　　　　　　　　　B. 债务人

C. 出口保理商　　　　　　　　D. 进口保理商　　　　E. 开证行

4. 对于同一批货物,不能同时征收产品税和(　　)。

A. 增值税　　　　　　　　　　B. 工商统一税

C. 关税　　　　　　　　　　　D. 进口调节税　　　　E. 反补贴税

5. 当向新西兰、加拿大、日本、欧盟等国家和地区出口货物时,须提供普惠制单据,作为进口国海关减免关税的依据。目前使用的普惠制单据有(　　)。

A. 表格 A 产地证　　　　　　　B. 纺织品产地证

C. 纺织品出口许可证　　　　　D. 手工制纺织品产地证

E. 纺织品装船证明

6. 在出口结汇时,经常用到的发票有(　　)。

A. 银行发票　　　　　　　　　B. 商业发票

C. 海关发票　　　　　　　　　D. 领事发票　　　　　E. 厂商发票

7. 在我国,产地证明书一般由(　　)签发。

A. 中国进出口商品检验局　　　B. 各地进出口公司

C. 贸促会　　　　　　　　　　D. 中国外经贸部　　　E. 中国海关

8. 进口索赔的对象主要有(　　)。

A. 买方　　　　　　　　　　　B. 卖方

C. 银行　　　　　　　　　　　D. 保险公司　　　　　E. 承运人

9. 在信用证项下结汇时,可用于议付的单据有(　　)。

A. 提单　　　　　　　　　　　B. 发票

C. 保险单　　　　　　　　　　D. 汇票　　　　　　　E. 检验证书

10. 在出口合同履行过程中通常涉及的环节有(　　)。

A. 备货、报验　　　　　　　　B. 租船订舱

C. 索赔和理赔　　　　　　　　D. 催证、审证、改证　　E. 制单结汇

11. 纵观各国法律,其法律规定的基本救济方法可以概括为(　　)。

A. 实际履行　　　　　　　　　B. 解除合同

C. 延迟履行　　　　　　　　　D. 损害赔偿　　　　　E. 以上都不是

12. 纵观各国法律,损害赔偿的方法有以下几种(　　)。

A. 退回货物　　　　　　　　　B. 恢复原状

C. 金钱赔偿　　　　　　　　　D. 实物赔偿　　　　　E. 精神赔偿

13. 进口国要求出口商提供商业发票的目的是(　　)。

A. 作为进口估价完税的依据

B. 作为征收差别待遇关税的依据

C. 作为征收反倾销税的依据

D. 作为进口商付款的依据

E. 作为进口商销售的依据

五、判断题

1. 在实际业务中,如进口方未按时开立信用证,卖方需进行催证工作。　　　（　　）

2. 修改信用证时不必经过开证行,而直接由申请人修改后交给受益人即可。（　　）

3. 受益人对信用证的修改做出的接受或拒绝的表示可在交单时,如果提交单据仅与原证的条款相符,则表示拒绝修改。　　　　　　　　　　　　　　　　　（　　）

4. 如果提单正本有几份,每份正本提单的效力是相同的,但是只要其中一份凭以提货,其他各份立即失效。　　　　　　　　　　　　　　　　　　　　　　（　　）

5. 汇票无论多少份,每份都具有同等的效力。　　　　　　　　　　　　　（　　）

6. 为了扩大出口,凡出口货物无需经我国商检机构检验即可放行出关。　　（　　）

7. 进口国要求提供海关发票主要是作为其海关减免关税的依据。　　　　　（　　）

8. 开证申请书内容应与合同内容一致。　　　　　　　　　　　　　　　　（　　）

9. 对外索赔时,必须在索赔有效期内提出,过期无效,责任方有权不予受理。（　　）

10. 国际货运公司的业务范围比国际储运公司的业务范围通常要窄。　　　（　　）

11. 国际保理业务的标的可以是个人之间销售产生的应收账款。　　　　　（　　）

12. 在制作和审核结汇单据时一般应本着"正确、完整、及时、简明、整洁"的原则。

（　　）

13. 各国法律规定,损害赔偿的方法有两种:回复原状和金钱赔偿。各国法律对各种损害赔偿的方法都予以考虑,并且也都规定以金钱赔偿的方式为主。　　　（　　）

14.《联合国国际货物销售合同公约》认为,构成非根本性违约时,受害方可以请求损害赔偿,但不能解除合同。　　　　　　　　　　　　　　　　　　　　　　（　　）

15.《联合国国际货物销售合同公约》认为,一方当事人违反合同应付的损害赔偿金额应与另一方当事人因其违反合同而遭受损失额相等,但不包括利润的损失。　（　　）

16.《联合国国际货物销售合同公约》认为,解除合同意味着守约一方丧失了采取其他救济方法的权力。　　　　　　　　　　　　　　　　　　　　　　　　　（　　）

17. 大陆法中将实际履行作为一种例外的辅助性的救济方法。　　　　　　（　　）

18. 关于实际履行这种救济方法,《联合国国际货物销售公约》并不给予法院依据该公约做出实际履行判决的权力。　　　　　　　　　　　　　　　　　　　　（　　）

19. 约定的损害赔偿是指当事人自行约定损害赔偿的金额或计算原则,法定的损害赔偿是指在当事人没有约定的情况下,由法律予以确定损害赔偿金额。　　　（　　）

20. 大陆法认为,在拒绝给付和给付延迟的情况下,债权人有权立即解除合同。（　　）

21. 大陆法对卖方延迟交货采取比较严厉的态度,而英美法对卖方延迟交货采取比较宽容的态度。　　　　　　　　　　　　　　　　　　　　　　　　　　　（　　）

22. 美国法律规定,卖方所交货物与合同不符,买方可以行使解除合同和要求损害赔

偿的权利。如果买方已经接受了货物,买方不能拒收货物,只能请求损害赔偿。　（　）

23. 汇票一般为一式两份,每份都具有同等的效力,其中一份付讫,另一份则自动失效。

（　）

六、简答题

1. 履行以信用证付款的 CIF 出口合同,需要经过哪些环节?

2. 卖方和银行收到信用证后应审核哪些内容?

3. 选择客户应调查哪些情况?

4. 交易前应做好哪些工作?

5. 简述国际保理业务的业务流程。

6. 如果合同内没有规定索赔期限,向出口方索赔的时效如何?

7. 如果合同内没有规定索赔期限,向承运人索赔的时效如何?

8. 在理赔时应注意哪些问题?

9. 正确制作单据有何作用?

10. 履行以信用证付款的 FOB 进口合同,需要经过哪些环节?

11. 什么叫暂准进口? 有何作用? 暂准进口制度下的货物有何特点?

七、案例分析题

1. 某木制品贸易公司向国外客户出口一批精美木制工艺品,信用证中规定的装运期为 4 月份,交单期为 5 月 10 日前,信用证的有效期为 5 月 25 日。该木制品公司收到对方开来的信用证后,及时向工厂下订单,准备出口货物。但由于产品制作过程需要的时间较长,该公司的货物于 4 月 27 日才全部赶制出来,经与轮船公司联系装运后,该公司取得 4 月 29 日签发的提单。其制作好单据于 5 月 8 日交单时,恰逢银行非营业日。

问:该公司可否按 UCP600 的规定,凭 4 月 29 日签发的提单连同其他单据从银行取回货款? 为什么?

2. 我某食品进出口公司出口一批冷冻鱼,7 月 16 日接到通知行转来的一张信用证简电通知。通知中表明信用证号码、商品名、数量和价格等几个项目,并说明"详情后告"。该公司收到了信用证简电通知后急于出口,于 7 月 20 日按简电通知中规定的数量将鱼装运出口。在货物装运后制作单据时,收到了通知银行转来的一张信用证证实书,证实书中规定的数量与简电通知书中规定的数量不符。

问:我方应按信用证证实书的规定还是按简电通知书的规定制作单据? 它们之间存在的差异应如何处理?

3. 我某进出口公司与国外某客商订立一份轻纺制品的出口合同,合同规定以不可撤销即期信用证为付款方式。买方在合同规定的开证时间内将信用证开抵通知银行,并经通知银行转交给出口公司。出口公司审核后发现,信用证上有关信用证到期地点的规定与双方协商的不一致。为争取时间,尽快将信用证修改完毕,以便办理货物的装运,我方立即电告开证银行修改信用证,并要求开证银行修改完信用证后,直接将信用证修改通知书寄交我方。

问:(1)我方的做法可能会产生什么后果?(2)正确的信用证修改渠道是怎样的?

4. 某公司与国外某客商达成一笔交易,合同中规定,数量为 100 吨,可有 5% 的伸缩,多交部分按合同价格计价。商品的价格为 1500 美元/吨 FOB 广州。现该商品的市场行情上涨。

问:(1)卖方根据合同的规定最多和最少可交多少吨货物?(2)此案例中,卖方应多交还是少交?为什么?

5. 我某进出口公司与欧洲某客户达成一笔圣诞节应季礼品的出口交易。合同中规定,以 CIF 为交货条件,交货期为 2010 年 12 月 1 日以前,但合同中未对买方的开证时间予以规定。卖方于 2010 年 11 月上旬开始向买方催开信用证,经多次催证,买方于 11 月 25 日将信用证开抵我方。由于收到 L/C 的时间较晚,我于 12 月 5 日才将货物装运完毕,当我方向银行提交单据时,遭到银行以单证不符为由拒付。

问:(1)银行的拒付是否有理?为什么?(2)此案例中,我方有哪些失误?

6. 我某出口公司与非洲某商成交货物一批,来证规定9月装运,但计价货币与合同规定不符,加上备货不及,直至9月对方来电催装时,我方才向对方提出按合同货币改证,同时要求延展装运期。次日非商复电"证已改妥",我方据此将货发运,但信用证修改书迟迟未到,致使结汇单据寄达开证行时被拒付。我方为及时收回货款,避免在进口地的仓储费用支出,接受了进口商改按 D/P·T/R 提货要求,终因进口商未能如约付款使我方蒙受重大损失。

试就我方在这笔交易中的处理过程进行评论,并找出我方应吸取的经验教训。

7. 我方凭即期不可撤销信用证出口马达一批,合同规定的装运期为2001年8月份。签约后,对方及时开来信用证,我方则根据信用证的要求及时将货物装运出口。但在制作单据时,制单员将商业发票上的商品名称依信用证的规定缮制为"MACHINERY AND MILL WORKS, MOTORS",而海运提单上仅填该商品的统称"MOTORS"。

问:付款行可否以此为由拒付货款?为什么?

8. 我某公司收到国外买方通过开证行开来的即期不可撤销跟单信用证,证中规定卖方不得迟于2001年2月15日装运。我方因港口舱位紧缺,无法如期装运,于2月6日电请买方将装运期延展至3月15日,信用证有效期同时延展。2月10日接买方来电称:"同意你2月6日电,将装运期改为不得迟于3月15日,信用证有效期同样延展一个月。"接电后,我方立即组织出运,于3月12日装船完毕并于15日备齐全套结汇单据向银行交单议付,但银行拒绝收单。

问:银行的拒收是否有理?为什么?

图书在版编目(CIP)数据

进出口业务习题汇编 / 丁珏主编. —杭州：浙江大学出版社，2018.7（2022.8重印）

ISBN 978-7-308-18349-9

Ⅰ.①进… Ⅱ.①丁… Ⅲ.①进出口业务—高等职业教育—习题集 Ⅳ.①F740.4-44

中国版本图书馆 CIP 数据核字（2018）第 128811 号

进出口业务习题汇编

JINCHUKOU YEWU XITI HUIBIAN

丁　珏　主编

责任编辑	李　晨	
责任校对	郑成业	
封面设计	春天书装	
出版发行	浙江大学出版社	
	（杭州市天目山路 148 号　邮政编码 310007）	
	（网址：http://www.zjupress.com）	
排　　版	杭州林智广告有限公司	
印　　刷	浙江新华数码印务有限公司	
开　　本	787mm×1092mm　1/16	
印　　张	6.5	
字　　数	140 千	
版 印 次	2018 年 7 月第 1 版　2022 年 8 月第 3 次印刷	
书　　号	ISBN 978-7-308-18349-9	
定　　价	24.00 元